Taal totaal

NEDERLANDS VOOR GEVORDERDEN

WERKBOEK

Nederlandse bewerking

Caroline Kennedie
Marjan Bassie
Edith Schouten

intertaaL

Taal totaal werkboek

door
Gerd Simons

concept en redactie
Stephen Fox

met medewerking van
Bernd Morsbach, Maaike van Ras,
Annemarie Diestelmann, Wilma Eeftink

illustraties
Ofzcarek!, Paul Netzer, J.J. Design/Jaap de Bruin

omslagontwerp
Astrid Hansen, Martin Wittenburg

Nederlandse bewerking
Caroline Kennedie, Marjan Bassie, Edith Schouten (UTN)

met medewerking van
Lidy Zijlmans, Liesbet Korebrits (UTN)

redactie en lay-out
Julia de Vries (redactie Intertaal)

Taal totaal bestaat uit:	
Tekstboek	ISBN 978 90 5451 3322
Werkboek	ISBN 978 90 5451 3339
Docentenhandleiding	ISBN 978 90 5451 3346
Cd bij het tekstboek	ISBN 978 90 5451 3353
Cd bij het werkboek	ISBN 978 90 5451 3360
Set werkboek + werkboek cd	ISBN 978 90 5451 3377

ISBN 978 90 5451 3339

6e druk 2009

© 2001 Intertaal, Amsterdam/Antwerpen.

Licentie-uitgave van Taal totaal – Niederländisch für Fortgeschrittene, met toestemming van
Max Hueber Verlag, Ismaning.
© 2001 Max Hueber Verlag, D-85737 Ismaning, voor de Duitse uitgave.

Alle rechten voorbehouden. Niets uit deze uitgave mag worden vermenigvuldigd en/of openbaar gemaakt in
gedrukte, akoestische, filmische of welke andere vorm ook, zonder voorafgaande schriftelijke toestemming van de
uitgever.
De uitgever heeft ernaar gestreefd de auteursrechten op de gereproduceerde teksten en illustraties te regelen volgens
de wettelijke bepalingen. Degenen die desondanks menen zekere rechten te kunnen doen gelden, kunnen zich
alsnog tot de uitgever wenden.

Voorwoord

In dit werkboek van de leergang *Taal totaal* zijn de uitleg en de oefeningen opgenomen bij de leerstof die in het tekstboek is aangeboden. In de appendix zijn de antwoorden opgenomen, zodat veel van de oefeningen zelfstandig kunnen worden gemaakt en gecorrigeerd.

Elke les bestaat uit twee delen:

Uitleg hierin wordt de grammatica die in het tekstboek beknopt is aangeboden, uitgewerkt en uitgelegd. Waar het een herhaling van elementaire grammatica betreft, is de stof socratisch aangeboden. Dat wil zeggen, de cursist formuleert zelf de regel op basis van voorbeelden en/of gestuurde oefeningen.

Oefeningen dit deel bevat, naast invuloefeningen, onder meer:

Luisteroefeningen De oefeningen bij de luisterteksten zijn met name gericht op globaal luisteren. Het is dus vooral belangrijk dat de vragen bij de tekst worden beantwoord, niet dat men alles letterlijk verstaat. De transcripties van de luisterteksten zijn opgenomen in de sleutel achterin het werkboek.

Leesoefeningen De leesteksten in het werkboek zijn over het algemeen authentiek. In sommige gevallen is de moeilijksheidgraad van de teksten enigszins aangepast. De oefeningen bij de leesteksten zijn vooral gericht op globaal begrip; men hoeft de tekst niet woord voor woord te begrijpen om de vragen te kunnen beantwoorden. Het symbool wordt ook gebruikt voor woordenschatoefeningen.

Schrijfoefeningen De schrijfoefeningen zijn over het algemeen relatief vrij van aard, maar meestal gebaseerd op zaken die eerder (in het tekstboek) zijn aangeboden. Enkele voorbeelden: het verwoorden van een mening aan de hand van een schrijfplan, het beschrijven van gegevens op basis van een voorbeeldoefening. Daarnaast zijn ook meer gestuurde oefeningen opgenomen, zoals het aanvullen van een (klachten)brief.

De appendix bevat onder meer twee tests die na de lessen 5 en 10 kunnen worden gemaakt. Deze tests vormen een extra oefening met de leerstof en geven een indicatie van de mate waarin de cursist de in de voorgaande lessen aangeboden leerstof beheerst.

Behalve de tests bevat de appendix:

- een overzicht van
    - onregelmatige verba
    - scheidbare verba
    - verba met een vaste prepositie en andere combinaties met een prepositie
    - grammaticale begrippen
    - idiomatische uitdrukkingen en hun betekenis
- de sleutel
- een grammatica- en zaakregister

Inhoud

Voorwoord	3
Les 1	7
Les 2	17
Les 3	30
Les 4	43
Les 5	59
Les 6	71
Les 7	84
Les 8	97
Les 9	114
Les 10	126
Test 1: Les 1 – 5	140
Test 2: Les 6 – 10	142
Onregelmatige verba	144
Separabele verba	146
Verba met een vaste prepositie	150
Andere combinaties met een (vaste) prepositie	152
Grammaticale begrippen	154
Idiomatische uitdrukkingen	156
Sleutel	164
Grammatica- en zaakregister	181
Bronvermelding	183

Les 1 t/m 10

Ken ik jou niet ergens van?

Uitleg

1 Syntaxis: hoofdzin

➜ Onderstreep het verbum finitum in de zinnen en omcirkel het subject.

- (Saskia) houdt heel erg van fotograferen.
- In het café ontmoet (je) altijd veel nieuwe mensen.
- (Ik) ken Jos al jaren.
- (Mijn vriendin) komt vanavond wat later.
- Vanwege het slechte weer (zijn) we dit jaar niet op vakantie geweest.
- (Ben) je hier met de auto?
- Waar woont (je broer) tegenwoordig?

➜ Zet de zinnen in het schema.

	verbum finitum		
Saskia	houdt		heel erg van fotograferen.
je	ontmoet	altijd veel nieuwe mensen	in het café
ik	ken		Jos al jaren
mijn vriendin	komt	vanavond	wat later
we	geweest zijn	dit jaar	op vakantie
je	ben		hier met de auto
je broer	woont		waar

➜ Formuleer de regel. Vul in.

– Meestal staat het subject ......voor...... het verbum finitum.

– Soms begint de zin niet met het subject, maar met een ander zinsdeel. Dan staat het subject ......achter...... het verbum finitum. Dat noem je **inversie**.

Les 1

7

2 Interrogativa

- Welk/welke

    Welk boek van Allende heb jij dan aan Anne gegeven?
    Welke trein neem jij straks?

➜ Formuleer de regel. Streep het onjuiste woord door.

> *Welk* in combinatie met een de-woord / ~~het-woord~~ krijgt een –e aan het eind.

- Waar + *prepositie*

    Waarin is dat bedrijf precies gespecialiseerd?
    Waar hebben jullie gisteren *over* gesproken?
    Waarvan houd je het meest?
    Waar ging dat spannende boek dan *over*?

Sommige verba hebben een vaste **prepositie**, bijvoorbeeld: houden **van**.
Wanneer zulke verba in een vraag worden gebruikt, dan vormen het interrogativum **waar** en de **prepositie** samen één woord.
In spreektaal staan **waar** en **prepositie** vaak los van elkaar.

➜ Maak vraagzinnen met **waar**.

Annie houdt van moderne schilderkunst.
Waarvan schilderkunst houdt Annie?

Mijn belangrijke papieren zitten in een doosje.
Waarin ~~bestje~~ belangrijke papieren?   Waar zitten je belangrijke papieren in

Let op!

waar + met → waarmee	Als ik het huis ga poetsen, begin ik meestal **met** de woonkamer. En waar**mee** begin jij?
waar + tot → waartoe	☉ Denk je dat dit plan **tot** een oplossing leidt? ● Ik heb geen idee waar**toe** het leidt.

leiden tot iets

8

3 De indirecte vraag

In de volgende voorbeelden is de indirecte vraag **vet**gedrukt.

→ Onderstreep de verba in de indirecte vragen.

Ik vraag me af **hoelang hij haar al kent**.

Weet jij misschien **wanneer de laatste trein naar Amsterdam gaat**?

Ik weet niet meer **waar ik hem eerder heb gezien**.

Zou u me kunnen vertellen **waarom er vandaag geen treinen rijden**?

Kun je even doorgeven **wie je hebt uitgenodigd**?

→ Formuleer de regel. Kies het juiste antwoord.

Put the verbs that change at the end of the sentence

In een indirecte vraag staan de verba

a) direct na het interrogativum.

b) aan het eind van de zin.

c) na het subject.

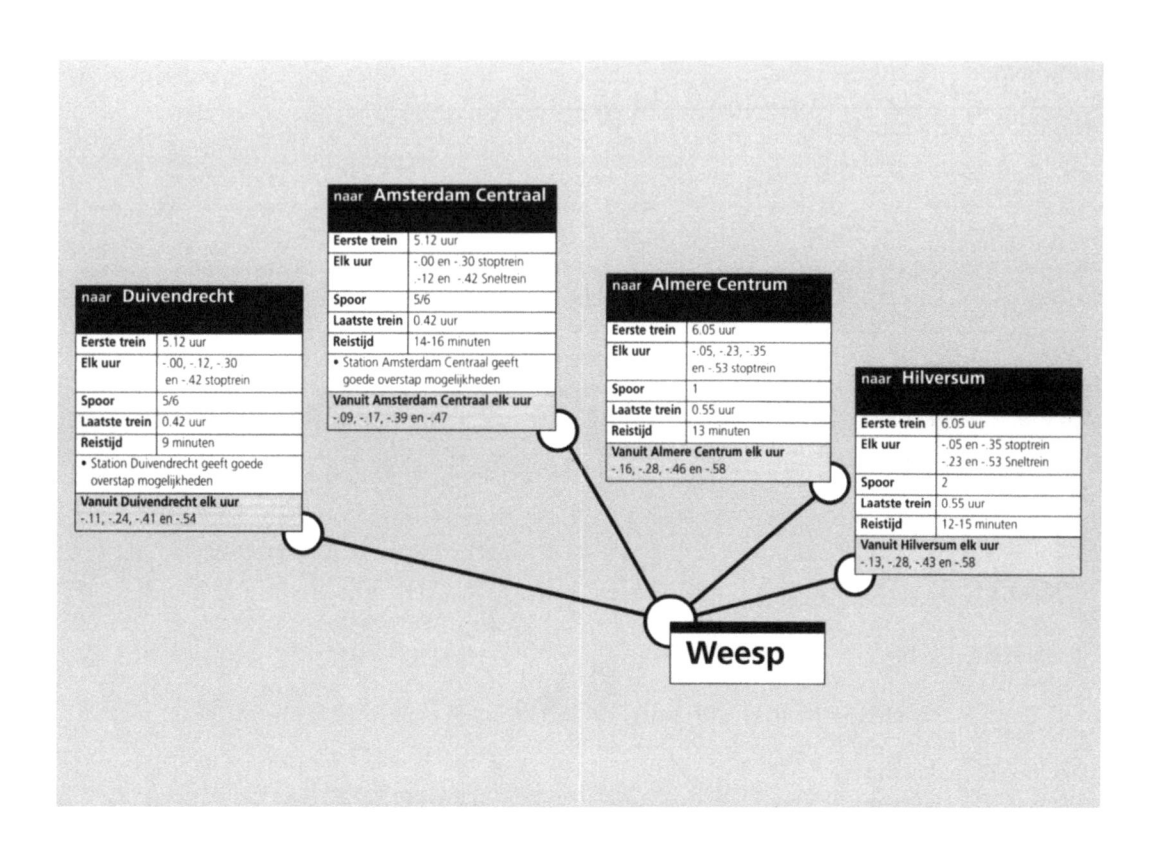

Oefeningen

1 Tijdsbepalingen

Zet de tijdsbepalingen in het schema.

deze week ⋮ soms ⋮ een half uurtje ⋮ van tevoren ⋮ drie keer per week ⋮ dadelijk ⋮ morgen ⋮ heel af en toe ⋮ drie maanden ⋮ nu ⋮ om de dag ⋮ de hele avond ⋮ in 2002 ⋮ een jaartje geleden ⋮ eerder dit jaar ⋮ een minuut of tien ⋮ regelmatig ⋮ vier keer per jaar ⋮ eindeloos ⋮ komende maand ⋮ drie maal daags ⋮ een week of twee

Wanneer?	Hoelang?	Hoe vaak?
deze week	een half uurtje	drie keer per week
morgen	drie maanden	heel af en toe
heel af en toe nu	de hele avond	regelmatig
in 2002	een minuut of tien	vier keer per jaar
een jaartje geleden	een week of twee	
eerder dit jaar	eindeloos	soms
komende maand		drie maal daags = x3 times per day

*van tevoren - shortly
*dadelijk - immediately

dagelijks = daily

2 Op een feestje

Vul de juiste interrogativa (in combinatie met een prepositie) in.

Peter en Erna:

☉ He, hallo! Lang niet gezien!

● Inderdaad, ...hoelang... ben je hier al?

☉ Vanaf acht uur, dus een uurtje ongeveer.

● Het is wel een gezellig feestje, hè? Leuk om iedereen weer eens te zien.

☉ Inderdaad. Zeg, ...Hoe... gaat het eigenlijk met jou?

● Nou, wel goed. Ik ben druk bezig met een nieuwe opleiding personeelsmanagement.

☉ Oh ja? ...Wat... leer je daar allemaal?

● Dat weet ik nog niet precies. Ik ben nog maar net begonnen. En eh, ...waar...

ben jij ...mee... bezig? Schrijf je nog steeds boeken?

☉ Ja, ik doe mijn best

● ...Wat... gaat je nieuwste boek ...over...?

☉ Dat zeg ik lekker niet!

10

Mie en Dick:

- Zeg, ...Waar... kom jij eigenlijk ...vandaan... ?
- Ik kom uit Leiden. En jij?
- Nou, ik kom uit Groningen, maar ik ben net terug uit Amerika.
- Oh, wat leuk. ...Waarom... ben je daar naartoe gegaan?
- Omdat ik de kans kreeg om daar drie maanden te werken.
- ...Wat voor... werk heb je daar dan gedaan?
- Nou, ik heb daar Nederlands gegeven op een taleninstituut in Boston.
- ...Met welke... vliegtuigmaatschappij ben je gevlogen? Ik ben namelijk van plan om komende zomer een paar weken door Amerika te reizen.
- Ik ben met Tulip Air gevlogen, maar dat was behoorlijk duur.

Saskia en Robert-Jan.

- Je kijkt bezorgd. ...Waar... denk je ...aan... ?
- Nou, ik maak me zorgen over ons nieuwe huis.
- ...Waar... ga je ook al weer ...naartoe... verhuizen?
- Naar Den Bosch, maar we moeten nog zoveel schilderen en opknappen.
- ...Wanneer... wil je dan verhuizen?
- Over drie weken.
- Tja, dat is wel snel. Weet je wat? Ik zal de anderen even vragen. Jongens, ...wie... wil Saskia helpen schilderen?!

3 Nederlandse les

Beantwoord de vragen met complete zinnen.

1. Hoelang leert u al Nederlands? _Ik heb Nederlands geleerd voor vier jaar_
2. Vindt u het leuk? Waarom (niet)? _Ja, ik vind het leuk. Ik geniet van de toon van de taal en de manier dat hij gesproken is_
3. Hoe vaak hebt u Nederlandse les? _(Normally,) heb ik een Nederlandse les twee keer per week_
4. Op welke dag hebt u die les? _Op dinsdag en donderdag._
5. Hoe laat begint uw cursus? _De les begint om elf uur 's morgens / 's ochtends._
6. Hoeveel uren besteedt u aan voorbereiding? _Ik besteed ruim twee uur per week_
7. Hoe vaak spreekt u Nederlands? _Niet vaak. Ik (krijg) spreek met mijn collegas twee keer per week._

besteden aan - to spend.

4 Luisteren 1-5

Lees de vragen. Luister nog een keer naar Gesprek 1-5 uit het tekstboek en geef antwoord op de vragen.

Gesprek 1
1. Wanneer belt Jasper Joke voor een afspraak? ....

Gesprek 3
2. Hoe is het werk van Gerrit? ....
3. Wat voor een baan had Remco bij de Gemeente? ....

Gesprek 4
4. Waar woont Nathalie? ....
5. Wanneer heeft Hein gestudeerd? ....

Gesprek 5
6. Waar ligt het Erasmuscollege vlakbij? ....
7. Vindt Eddy het moeilijk om de lessen in het Nederlands te volgen? ....

5 Maak zinnen.

1. weten – in Groningen – ik – al – wonen – willen – hoelang – Mary.
   ik wil weten hoelang Mary al in Groningen woont?

2. Paul – waarom – ik – niet – zijn – boos – begrijpen.
   ik begrijp niet waarom Paul boos is?

3. het station – hoe – bij – niet – zij – komen – weten – Bob en Marianne – kunnen.
   B+M weten niet hoe zij bij het station kunnen komen.

4. de vergadering – meneer Peters – morgen – beginnen – hoe laat – willen – weten.
   M. Peters wil weten hoe laat morgen de vergadering begint?

5. haar diploma – zal – Lucy – krijgen – wanneer – zich afvragen – ik.
   ik vraag me af wanneer Lucy haar diploma zal krijgen?

6 Indirecte vragen

Maak de zinnen af.

1. Ik heb altijd al willen weten hoe ....
2. Ik vraag me vaak af of ....
3. Ik heb nooit begrepen waarom ....
4. Ik vraag andere mensen wel eens wat *hobbies zij doen*
5. Als ik een reis ga boeken, vraag ik altijd of ....
6. Tijdens de les wil ik altijd weten wat ....
7. Als ik televisie kijk, vraag ik me weleens af waarom ....
8. Ik zou koningin Beatrix willen vragen wat *zij verschrikkelijk wil eten*

12

7 Reageer.

Gebruik eventueel de uitdrukkingen uit oefening 4 in het tekstboek.

1.
Jan, jij weet toch alles van auto's! Die van mij heeft sinds gisteren een lekke band. Zou je mij misschien kunnen helpen die band te vervangen? Ik heb zoiets namelijk nog nooit gedaan.

....

2.
Weet je het al? Loes en Joop zijn getrouwd. Maar niet zo maar in een kerk. Nee! Ze wilden per se op een boot trouwen.

....

3.
Eerst dachten we dat Bart zijn enkel had gebroken. Maar dat viel uiteindelijk wel mee. Zijn enkel is gelukkig alleen maar verstuikt. Hij kan al weer lopen.

....

4.
Frans, wil je ook nog een kopje koffie? Hij is nog lekker vers.

....

5.
Ik dacht dat Hennie volgende maand pas jarig was, maar Joost vertelde me dat ze morgen al 35 wordt.

....

8 Wat betekent ongeveer hetzelfde?

kletsen ⁞ fantastisch ⁞ heel lekker ⁞ vervelend ⁞ salaris
verschrikkelijk ⁞ genoeg ⁞ zoenen

1. ontzettend → verschrikkelijk terrible, awful
2. naar → vervelend boring
3. heerlijk → heel lekker delicious, lovely
4. loon → salaris pay, wage
5. voldoende → genoeg sufficient, enough
6. kussen → zoenen kiss
7. babbelen → kletsen to chat
8. geweldig → fantastisch enormous, huge, terrific

Les 1

9 Dialoog

Kies de juiste reactie zodat er een logische dialoog ontstaat.

Hoi, Piet! Dat is lang geleden. Hoe gaat-ie?

Hé Gerrit! Leuk je weer eens te zien, zeg. Met mij gaat het prima.

Ik dacht dat je in Rotterdam zat.

Klopt. Maar sinds een jaar of twee zit ik hier weer in Brussel. Ik werk nu bij de EU.

1. Maar nog steeds als tolk, zeker! Duits en Italiaans was het toch?

a) Klopt ja. Maar tegenwoordig vooral Duits. En jij, vertel eens. Werk je nog bij je oude bedrijf?
b) Nee hoor, Spaans en Engels. Maar wacht even, jij werkte toch bij een uitgeverij?
c) Dat je dat nog weet. Klopt! Het blijft leuk werk. En hoe zit het met jouw baan?

2. Nou op het moment weer redelijk goed. Ik was een tijdje werkloos, maar begin dit jaar ben ik bij KPN begonnen.

a) Klinkt prima. En wat voor werk doe je daar?
b) Beter dan helemaal geen baan. Hoe lang zat je zonder werk?
c) Hoe vaak heb je gesolliciteerd?

3. Zoals een heleboel mensen tegenwoordig. Ik werk in de IT-sector. Je weet wel, programmeren en dat soort dingen.

a) Jeetje! Dat is niets voor mij. Vind je het leuk werk?
b) Lijkt me interessant hoewel ik er geen verstand van heb. Iets heel anders: weet jij eigenlijk of Wouter al getrouwd is?
c) Te gek! Daar verdien je zeker een fortuin mee?

Nee hoor! Geen idee. Maar volgens mij kun je dat beter aan Mieke vragen. Mieke Veldhuis bedoel ik.

Goh. Mieke Veldhuis. Tuurlijk, die ken ik nog. Dat die nog steeds hier woont!

10 Klare taal

Streep het onjuiste woord door.

Het spreken van ~~beste~~ / vreemde talen is in Nederland een kwestie / ~~kans~~ van nationale trots. Veel Nederlanders denken dat hun taal erg moeilijk te leren is. Daarom doen zij liever zelf het ~~moeite~~ / woord in een andere taal wanneer ze met buitenlanders spreken. Veel buitenlanders die Nederlands willen leren klagen dan ook dat ze de kans / ~~basis~~ niet krijgen. Zodra ze proberen Nederlands te spreken, begint de autochtoon meteen bijvoorbeeld Engels of Frans te spreken. Op basis / ~~kans~~ van deze ervaringen zeggen veel buitenlanders: 'Hoe meer je je best / ~~woord~~ doet om Nederlands te leren, des te meer zullen Hollanders weigeren Nederlands met je te spreken en vervolgens klagen ze erover dat je nooit de moeite / ~~kwestie~~ hebt genomen om hun taal te leren.'

11 Luisteren

U gaat luisteren naar twee moppen.
Kies bij elke mop het juiste vervolg (de juiste clou).

1. a) 'Nee, maar ik ben jarig.'
   b) 'Nee,' zegt de man, 'maar ik mag niet meer drinken van de dokter.'

2. a) 'Goedemorgen dokter, daar ben ik weer!'
   b) 'Sorry, ik heb me vergist, daag.'

12 Kies de juiste prepositie.

Gebruik eventueel een woordenboek.

1. benieuwd zijn	op	naar	van
2. het eens zijn	met	bij	door
3. bezig zijn	aan	van	met
4. het hebben	met	over	in
5. de voorkeur geven	in	met	aan

15

invullen

13 Vul de combinaties van oefening 12 in.

1. Joke ....was.... net nog ....bezig met.... het bakken van haar taart. Maar nu is die helemaal af.
2. Mirjam en Frank zitten al een uur met elkaar te praten. Waar zouden ze ....het ous hebben....?
3. Vanavond komt ook de nieuwe vriendin van Frank. Nathalie kent haar nog niet, zij ....is.... heel ....beniewd naar.... haar.
4. Remco ....is het met.... Gerrit ....eens....: in het weekend moeten werken is echt vervelend!
5. Bas vindt horrorfilms leuk, maar zijn vriendin ....geeft de voorkew aan.... detectives.

afzijn - to finish (sthg)

Gezellig!

Uitleg

1 Verwijzen *(naar)*

namelijk-

- *Hij* en *hem*

    1. Ik ben op zoek naar Frank. Weet jij of *hij* op zijn kantoortje is? Ik wil *hem* namelijk iets vragen.
    2. Nee, sorry, dat weet ik niet. Maar weet jij misschien waar de telefoongids ligt? Ik zoek *hem* al een hele tijd.
    3. Volgens mij ligt *hij* in de la van de secretaresse.

➡ Waarnaar verwijzen *hij* en *hem* in zin 1?

hij ➡ *subject → Frank   pers. pron.*

hem ➡ *dir. object Frank*

➡ Waarnaar verwijzen *hem* in zin 2 en *hij* in zin 3?

hem ➡ *telefoongids*

hij ➡ *telefoongids*

➡ Formuleer de regel. Streep het onjuiste woord door.

Met de pronomina personale **hij** en **hem** kun je verwijzen naar:
– ~~een vrouwelijke~~ / mannelijke persoon
– een de-woord / ~~het-woord~~ (ding, zaak)

- *Het*

    Heb jij het koffiezetapparaat nog nodig?
    1. Nee hoor, je kunt *het* uitzetten.

    Heb je al gehoord dat de vakantie van Willem en Marieke niet doorgaat?
    2. Ja, ze hebben *het* gisteren al aan me verteld.

➡ Waarnaar verwijst *het* in zin 1?

het ➡ *het koffiezetapparaat*

➡ Waarnaar verwijst *het* in zin 2?

het ➡ *dat de vakantie niet doorgaat.*

➡ Formuleer de regel. Streep het onjuiste woord door.

Met het pronomen personale **het** kun je verwijzen naar:
– ~~een de-woord~~ / het-woord (ding, zaak)
– een zin / ~~mannelijke persoon~~

Les 2

17

- Aan het begin van de zin gebruik je **die** in plaats van *hem*.

  - ⊙ Waar is zijn computer gebleven?
  - ● Hij heeft *hem* gisteren teruggebracht naar de winkel.
  - ● **Die** heeft hij gisteren teruggebracht naar de winkel.

- *het* als object kan niet aan het begin van de zin staan. Je moet dan **dat** gebruiken.

  - ⊙ Staat jouw woordenboek in de kast?
  - ● Nee. Ik heb *het* gisteren aan Karin uitgeleend.
  - ● Nee. **Dat** heb ik gisteren aan Karin uitgeleend.

  - ⊙ Je kunt beter vroeg reserveren als je nog een plaats in het vliegtuig wilt.
  - ● **Dat** weet ik ook wel.

- *het* als subject kan wél aan het begin van de zin staan.

  - ⊙ Mag ik je woordenboek lenen?
  - ● Ja hoor. **Het** staat in de kast.

Let op!

In de spreektaal hoor je (in het midden van de zin) vaak:
ie, **'m**, **'t** en **(d)'r** in plaats van
hij, **hem**, **het** en **haar**.

2 Separabele verba

Een verbum heeft soms een prefix. Zo'n verbum noemen we een samengesteld verbum. Sommige samengestelde verba zijn separabel, bijvoorbeeld: *uitnodigen*, *schoonmaken*.

Frits **nodigt** al zijn vrienden en kennissen **uit**.
De ober in het restaurant **maakte** na het diner de tafel **schoon**.

Sommige samengestelde verba zijn niet separabel, bijvoorbeeld: *ontmoeten*, *onderzoeken*.

Ik **ontmoette** hem in de stationsrestauratie.
De dokter **onderzoekt** de patiënten elke dag.

TIP In het woordenboek is door middel van onderstreping of een apostrof (') aangegeven welk deel van het woord accent heeft.

on·der·te·ke·nen (ondertekende, heeft ondertekend) iets ondertekenen: je handtekening onder iets zetten, waarmee je aangeeft dat je ermee akkoord gaat ♦ een overeenkomst **ondertekenen**; een schuldverklaring **ondertekenen**.

op·staan (stond op, is opgestaan) **1** gaan staan, overeind komen ♦ hij **stond** voor niemand **op**; opgestaan, plaats vergaan: (uitdr.) (dit zeg je tegen iemand die zijn of haar plaats bezet vindt nadat hij of zij even weg is geweest) **2** uit je bed komen ♦ hoe laat ben je **opgestaan**? **3** tegen iemand opstaan: (ouderwets) tegen iemand in opstand* komen, je verzetten tegen iemands gezag ♦ het volk is tegen de koning **opgestaan**.

Uit: *Van Dale Basiswoordenboek van de Nederlandse Taal*

⮕ Lees de woorden hardop. Welk deel van het woord heeft accent? Gebruik eventueel een woordenboek.

<u>uit</u>nodigen – <u>schoon</u>maken – ont<u>moe</u>ten – onder<u>zoe</u>ken

⮕ Formuleer de regel. Streep het onjuiste woord door.

Bij separabele verba ligt het accent wel / ~~niet~~ op het prefix.
Bij verba die niet separabel zijn ligt het accent ~~wel~~ / niet op het prefix.

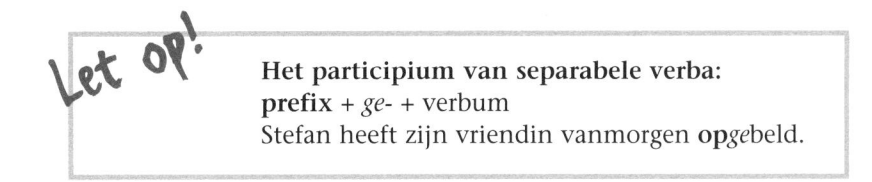

Let op!

Het participium van separabele verba:
prefix + *ge-* + verbum
Stefan heeft zijn vriendin vanmorgen **op***ge*beld.

3 Het adjectief

In de volgende voorbeelden is het adjectief **vet**gedrukt.

Wat jammer dat je niet op dat **gezellige** feestje was.
Wat een **heerlijke** taart heb jij gebakken!
Wij hebben een **leuk** huisje in Zuid Frankrijk gehuurd.
Marleen heeft een **nieuw** antwoordapparaat gekocht.

⮕ Formuleer de regel. Streep het onjuiste woord door.

Wanneer het adjectief voor een
~~bepaald~~ / onbepaald het-woord / ~~de-woord~~ staat, krijgt het **geen** –e.

Let op!

Spelling		
serieus	⮕	serieuze
gaaf	⮕	gave — *whole, intact*
leeg	⮕	lege — *empty, blank*
druk	⮕	drukke

- Sommige adjectieven veranderen nooit van vorm:
  colours
- *kleuren* die op een vocaal eindigen;

  Ik doe die *lila* jurk aan naar de housewarmingparty.
  Alle supporters hadden een *oranje* shirt aan en een *oranje* petje op.

  aandoen – to put on

- *materialen* die op *-en* eindigen;

  Ik heb altijd al een *leren* jas willen hebben.
  Marieke heeft haar *gouden* armband verloren.

19

Oefeningen

1 Verwijzen

a) Vul in: *hij, hem, die* of *dat*

IRAANSE KOOPMAN SCHRIJFT ZIJN VRIEND EEN LANGE BRIEF

'Waarom schrijf je toch altijd van die korte briefjes?' vroeg een vriend verwijtend aan de Iraanse specerijenhandelaar Hussein Mohamed Dahqani. (1) ...Hij... trok (2) ...hem... zich erg aan. Meer dan een jaar lang zat (3) ...hij... vier uur per dag te schrijven. Over vriendschap en liefde, godsdienst en het huwelijk en nog veel meer. Toen de brief klaar was, heeft (4) ...hij... (5) ...hem... gemeten en gewogen. (6) ...Die... was 150 meter lang en woog twee kilo. 'Nu zal (7) ...hij... wel een jaar of twee bezig zijn met lezen,' hoopt Dahqani. (8) ...Dat... zullen we nooit weten.

b) Vul in: *hij, hem, die, ze, haar, het, dat*

GEZELLIG EEN WEEKENDJE WEG...

Een goede vriendin vroeg onlangs of ik zin had om met (1) ...haar... mee te gaan naar de kust. (2) ...Dat... vond ik wel een goed idee, maar ik was bang dat (3) ...het... veel geld zou kosten. (4) .... vond (5) .... onzin. 'We gaan gewoon lekker kamperen in een tentje', zei (6) ...ze..., (7) '...Dat... kost bijna niks'. Mijn vriendin had weer eens gelijk. Wel jammer dat de regen met bakken naar beneden viel en de camping een grote modderpoel werd. Bovendien ging de auto op de terugweg kapot. (8) ...Hij... stond in een keer stil, midden op de weg! Toen hebben we (9) ...hem... maar gauw naar de kant geduwd en de wegenwacht gebeld. Ze kwamen gelukkig snel en hebben ons goed geholpen. Zo kwam alles toch nog goed en ach, het was best gezellig!

2 Maak zinnen.

1. Italië – vakanties – veel – hebben – in – doorbrengen – ik – al.
   Ik heb al veel vakanties in Italië doorgebracht

2. ziek – ik – afzeggen – het feestje – want – zijn – ik.
   Ik heb het feestje afgezegd want ik ben ziek

3. op – meenemen – jij – vakantie – wat – ?
   Wat neem jij op vakantie mee?

4. hebben – dat – restaurant – wie – aanraden – jullie – ?
   Wie heeft dat restaurant aan jullie aangeraad??

5. eerst – moeten – dat – mijn man – overleggen – ik – met.
   Ik moet dat met mijn man overleggen.
   eerst

20

3 Vul de juiste vorm van de adjectieven in.

Monumenten en historische gebouwen

Den Haag heeft veel (1) historische (historisch) gebouwen. De Ridderzaal uit de 13e eeuw, het Mauritshuis van architect Jacob van Campen uit 1644, (2) monumentale (monumentaal) huizen uit de 18e en 19e eeuw, monumenten van (3) verschillende (verschillend) koningen en (4) historische (historisch) figuren. Maar ook (5) schitterende (schitterend) Jugendstil-panden. Architect Berlage heeft een aantal (6) belangrijke (belangrijk) gebouwen ontworpen, zoals het (7) imposante (imposant) Gemeentemuseum Den Haag. Naast de vele paleizen zijn er ook een aantal molens, kastelen en begraafplaatsen waar (8) bekende (bekend) schrijvers en politici zijn begraven.

Op de reuzenkoepel van Omniversum komen de films pas echt tot hun recht

Op de (9) indrukwekkende (indrukwekkend) reuzenkoepel van Omniversum, met een afmeting van 840 m², worden Omnimax-films om u heen geprojecteerd. Zij vormen, aangevuld met een super stereogeluid, een (10) ware (waar) belevenis! In de zaal van Omniversum beleeft u de mooiste avonturen. De programma's van Omniversum brengen u in een (11) andere (ander) wereld: (12) fascinerende (fascinerend) beelden vertellen over (13) mysterieuze (mysterieus) haaien, (14) kolossale (kolossaal) olifanten, de (15) prachtige (prachtig) onderwaterwereld, (16) gevaarlijke (gevaarlijk) branden en (17) extreme (extreem) prestaties van de mens. Films op grootbeeld formaat over natuur, cultuur en wetenschap. De koepel van Omniversum heeft (18) vorig (vorig) jaar een (19) nieuwe (nieuw) verflaag gekregen. Daardoor worden de films nog beter geprojecteerd. Kortom, een bezoek aan Omniversum is nu een nog (20) grotere (groter) belevenis.

21

4 Woordenschat

Lees de beschrijvingen van de eigenschappen uit het woordenboek.
Zijn ze positief of negatief? Zet ze in de tabel.

door-tas-tend (bijv. nw) flink en krachtig, zonder te aarzelen • *de politie trad doortastend op; hij is zo doortastend dat hij altijd te weten komt wat hij weten wil.*

cha-grijn (zelfst. nw.) 1 (het ~) humeur waarbij je onvriendelijk bent en op alles en iedereen moppert • *je bent een stuk chagrijn:* (uitdr.) een chagrijnig mens 2 (de~ (m.); -en) onvriendelijke mopperaar.
cha-grij-nig (bijv. nw.) in een slecht humeur, mopperig.

gul (bijv. nw.) gezegd van iemand die makkelijk iets weggeeft, niet gierig => royaal, vrijgevig • *hij geeft met gulle hand:* hij geeft veel weg; *een gulle lach:* een hartelijke, spontane lach; *de gulle gever:* de gever van een cadeau of van geld.

duur² (bijv. nw.) 1 veel kostend, het tegenovergestelde van 'goedkoop' • *een dure jas; het is een dure plicht:* een plicht die je per se moet nakomen; *dat zal je duur komen te staan!:* (uitdr.) daar zal je voor moeten boeten 2 gewichtig • *dure woorden gebruiken; die vrouw doet graag een beetje duur.*

raar (bijv. nw.) vreemd, ongewoon => gek, zonderling, merkwaardig, eigenaardig • *wat een raar mens is dat; doe niet zo raar; ik voel me raar:* duizelig, misselijk.

ver-ve-lend (bijv. nw.) 1 onaangenaam, naar • *een vervelende gebeurtenis; wat vervelend voor je!* 2 saai • *een lange, vervelende film.*

le-lijk (bijv. nw.) 1 onaangenaam om te zien of om te horen, het tegenovergestelde van 'mooi' • *een lelijk gebouw; wat een lelijke klank heeft die gitaar; wat kijk je lelijk!:* wat kijk je boos!; *zo lelijk als de nacht:* (uitdr.) heel erg lelijk 2 ongunstig, slecht • *het ziet er lelijk uit; het is lelijk weer* 3 gemeen • *lelijke bedrieger!; zij heeft lelijke dingen over mij gezegd.*

slim (bijv. nw.) snel in het bedenken van oplossingen en in het doorzien van bedoelingen => pienter, goochem • *iemand te slim af zijn:* (uitdr.) iemands plannen doorzien en ervoor zorgen dat ze niet slagen.

boei-end (bijv. nw.) wat je boeit*, spannend => fascinerend.

Uit: *Van Dale Basiswoordenboek van de Nederlandse Taal*

positief	negatief

5 Combineer de versterkende woorden met de adjectieven.

Gebruik eventueel een woordenboek.

serieus ⋮ hard ⋮ goedkoop ⋮ lelijk ⋮ duur ⋮ gek ⋮ koud ⋮ saai ⋮ jong ⋮ oud

1. Als je in de winter gaat fietsen zonder muts op, worden je oren ijs*koud*
2. Hugo heeft de marathon gewonnen. Hij liep echt kei...............
3. Toen ik het schilderij opnieuw zag vond ik het niet meer zo foei...............
4. Dat was me toch een koopje. Die nieuwe broek was echt spot...............
5. De huizen aan de Keizersgracht zijn heel mooi maar ook peper...............
6. Die vent is niet goed bij zijn hoofd. Volgens mij is die knetter...............
7. De opa van Piet is volgens mij stok............... Hij is vast en zeker al honderd jaar.
8. Tom is nog maar een paar maanden oud. Ja, hij is echt nog piep...............
9. Loes wil nu echt gaan trouwen. Zij meent het bloed...............
10. Ik vond die film gisteren helemaal niet leuk. Hij was oer...............

6 Luisteren 🎧 7

Luister naar de dialogen. Vul de ontbrekende woorden in terwijl u luistert.

1
Anne: Hé, en als we met de auto de stad ingaan, waar kunnen we dan .... parkeren?
Reinier: Onder het Plein. Onder het Plein is een parkeergarage, goeie service en .... veilig.

2
Stefan: Zeg, maar kunnen jullie ons misschien nog vertellen, eh, waar we .... informatie kunnen krijgen, dus, eh over de stad, over interessante tentoonstellingen, stadswandelingen ....
Martina: Ja hoor, dat is bij de VVV.
Anne: Aha, en waar is die ? Kun je dat misschien even op de kaart ....?
Martina: Ja, eens even kijken. Nou, de VVV .... echt midden in de stad in het winkelgebied. Hier, zie je dat logootje?
Stefan: Ja. En, en daar hebben ze ook informatie over openingstijden van musea en zo?
Anne: Volgens mij hebben ze daar ...., ook leuke gidsen, kaarten, souvenirs en zo.

3
Toeriste: Oh, nog een laatste vraag: Waar staan de treintaxi's?
Lokettiste: U kunt de treintaxihaltes .... het station vinden. En als ik u nog een tip mag geven?
Toeriste: Ja, heel graag.
Lokettiste: Als er net geen treintaxi staat, ... dan op de knop bij de treintaxipaal. U kunt dan een taxi bestellen. U hoeft alleen maar te zeggen waar u .... wilt.
Toeriste: Oh, da's fijn. Nou, hartelijk dank.
Lokettiste: Tot ziens.
Toeriste: Daaag.

7 Een uitnodiging aannemen of afzeggen.

Zet de zinnen in het schema.

Ja, gezellig.   Dat is jammer.   Sorry, maar ...
Heel graag.   Helaas, ik kan niet.   Natuurlijk.   Zeker weten.
Niets aan te doen.   Het spijt me.   Geweldig!

Uitnodiging aannemen	Uitnodiging afzeggen

8 Dialogen

Maak drie dialogen. Gebruik de zinnen. Bedenk zelf een vierde dialoog.

1. Ik ben binnenkort jarig.
2. Ik heb een nieuwe flat gekregen.
3. Ik heb mijn rijbewijs gehaald.
4. ...

    a) – Oh, wat leuk.
    b) – Goh, wat goed.
    c) – Leuk voor je, zeg.
    d) – Goh, hoe oud word je eigenlijk?
    e) – Geweldig!

5. Ik word 33. Daarom zou ik je graag willen uitnodigen voor mijn verjaardagsfeest.
6. Kom je naar mijn housewarmingparty?
7. Heb je zin om naar mijn feestje te komen aanstaande zaterdag?
8. Zullen we gezellig een biertje met elkaar gaan drinken?
9. ...

    f) – Nou leuk, even kijken of ik kan.
    g) – Wat jammer, vind je het erg als ik niet kan?
    h) – Het spijt me, maar ik heb dan al een afspraak.
    i) – Lijkt me heel erg leuk.
    j) – Sorry, maar ik heb geen tijd. Ik moet ...
    k – Tuurlijk kom ik!
    l) – Ik weet niet of ik kan.

10. Nou, het is wel jammer natuurlijk.
11. Geeft niets, kom je een andere keer gezellig langs.
12. Ik had me er wel op verheugd.
13. Echt niet?
14. Gezellig, dan zie ik je zaterdag. Komt Jasper ook?
15. ...

9 Drie brieven

Zoek de twee delen van de drie brieven bij elkaar.

①
Beste collega's,
Mede namens Bob Grietstra stuur ik je bij deze de uitnodiging voor ons uitje.
Zoals jullie al weten, vindt het zondag 15 augustus a.s. plaats.
We hebben jullie een programma toegezegd met als trefwoorden: Veluwe, natuur, cultuur, sportiviteit en BBQ. We denken dat we er in geslaagd zijn een erg leuk programma samen te stellen. Het start met een ontvangst op Kasteel Doorwerth om 11.00 uur en sluit met een BBQ in de tuin van huize Grietstra in Wolfheze vanaf 17.00 uur.

②
Betreft: Vertrek Petra van Slooten
Geachte heer Kramer,
Na 5 jaar enthousiaste inzet bij Huratex heeft Petra besloten om een nieuwe uitdaging in het buitenland aan te gaan. Samen met Pierre en haar beide kinderen zal zij naar de Verenigde Staten emigreren.
Wij willen Petra graag bedanken voor haar inzet bij Huratex. En dat willen wij uiteraard graag samen met haar collega's doen.

③
Geachte heer Haaswijk,
Namens de heer Maarwoldt nodig ik u uit voor de vergadering op 12 oktober tijdens de boekenbeurs in Frankfurt.

a
Door middel van deze brief nodig ik u dan ook uit voor de afscheidsborrel op vrijdag 31 januari aanstaande van 16.00 – 17.30 uur in de kantine van onze vestiging.
In verband met de organisatie zou ik u willen verzoeken om ons voor 25 januari schriftelijk mee te delen of u aanwezig zult zijn.
Met vriendelijke groet,

b
Wij verwachten u in zaal 12 om 12.30 uur.
In afwachting van uw reactie verblijf ik.
Met vriendelijke groet,
Fransiska Kraals

c
Graag horen we van jullie of, en zo ja met hoeveel personen jullie komen. Kinderen zijn van harte welkom. Voor kleintjes is er slaapgelegenheid. Geef ook even door of er dieeteisen zijn en andere zaken die we moeten weten. Alle inschrijvers krijgen een bevestiging en een routebeschrijving. We hopen op een grote opkomst en we begroeten jullie graag op de 15^e.
Met vriendelijke groet,

Rob

Les 2

10 Dialoog

Kies de juiste reactie en maak de dialoog compleet.

Hoi, Marijke, hoe gaat het met je?

Monique, leuk dat je belt. Goed, en met jou?

1. Uitstekend; ik heb mijn tentamens gehaald!

a) Nou, dat had ik wel verwacht; lekker feest vieren zeker?
b) Gefeliciteerd.
c) Goh, en je had er niet eens veel moeite voor gedaan.

2. Ja, en daarom bel ik. Heb je al plannen voor zaterdagavond? Dan geef ik namelijk een feestje.

3. Dat is jammer.

a) Nou, zullen we dan maar afspreken voor zaterdag?
b) Ja, pech, helaas.
c) Ja, dat is ook jammer, het spijt me, maar deze afspraak stond al een hele tijd.

4. Ja, kan je natuurlijk ook niets aan doen. Nou dan gaat het over, een andere keer dan misschien.

a) Dat is goed, ja, ik vind het jammer voor je, hoor! Heel vervelend, zeg.
b) Oké, nou we bellen nog wel, hè?
c) Niets aan te doen, er zijn ergere dingen, toch? Tot horens, we moeten gauw weer eens afspreken.

5.

6.

26

11 Wat betekent ongeveer hetzelfde?

1. voldaan   a. exact
2. indruk   b. meedoen
3. tentoonstelling c. tevreden
4. simpel   d. expositie
5. precies   e. impressie
6. bijzonder   f. eenvoudig
7. deelnemen   g. speciaal

12 Vul in.

Verander eventueel de vorm.

afspreken ⋮ afzeggen ⋮ bijkomen ⋮ inspreken ⋮ uitkomen ⋮ voorkomen

1. Ik vind het altijd heel vervelend als mensen me bellen als ik er niet ben en dan mijn antwoordapparaat niet ....

2. Klaas was vorige week ziek, dus hij heeft de afspraak ....

3. Eerlijk gezegd .... maandag de 23^e mij niet zo goed .... Kunnen we niet op een andere dag ....?

4. Ik ben heerlijk een weekendje naar zee geweest. Daar ben ik weer lekker .... van al het harde werken.

5. Als je van te voren een pilletje inneemt, ... je dat je onderweg wagenziek wordt.

13 Kies de juiste prepositie.

1. zich opwinden — voor — aan — over
2. afhankelijk zijn — op — naar — van
3. zich verheugen — aan — bij — op
4. behoefte hebben — naar — aan — voor
5. houden — op — naar — van
6. rekening houden — van — met — tot

14 Vul de combinaties van oefening 13 in.

1. Willem komt voor de eerste keer in Den Haag. Omdat hij de schilderijen van Mondriaan ontzettend leuk vindt .... hij .... de tentoonstelling in het Gemeentemuseum.
2. Als het erg druk is, moet je .... lange wachttijden bij het museum.
3. De Haagse Tom Steenbeek vindt niet alles goed in Den Haag. Hij .... de rommel in de Haagse binnenstad.
4. Tom is een levensgenieter en .... lekker eten en drinken.
5. Tom vindt relaxen heel belangrijk. Maar wat hij het liefst doet .... het seizoen. 's Winters lekker met een boek thuis zitten en 's zomers lekker buiten tennissen.
6. Op winderige herfstdagen .... hij .... een fikse strandwandeling.

15 Zullen we een spelletje doen?

Lees de spelregels. Zoek (drie) medespelers en speel het spel Ganzenbord. Gebruik daarvoor pagina 23 van het tekstboek.

Inleiding

Voor Ganzenbord heb je twee dobbelstenen nodig. Verder heeft iedere speler een pion nodig. Dat kan ook een knoop, paperclip of ander klein voorwerp zijn.
De leukste manier om ganzenbord te spelen is met fiches of bijvoorbeeld snoepjes. Iedereen krijgt 20 fiches en doet daarvan 5 fiches in de pot.
Kies dan een spelleider.
De spelleider is verantwoordelijk voor de pot met fiches.
Daarna gooit iedere speler een keer met een dobbelsteen. Wie het hoogste aantal ogen gooit, mag beginnen.
Deze speler gooit nu met beide dobbelstenen. Hij zet zijn pion evenveel vakjes vooruit als hij ogen heeft gegooid.

Spelregels

Komt een pion op een van de volgende nummers, dan gelden deze regels:

- **Nr. 6:** Brug. 2 fiches tol aan de pot betalen. Als je 4 fiches betaalt, mag je doorgaan naar nummer 12.
- **Nr. 19:** Herberg. 4 fiches aan de pot betalen voor de overnachting en 1 beurt overslaan.
- **Nr. 31:** Put. 4 fiches aan de pot betalen en wachten tot een medespeler in de put belandt; dan pas mag je weer verder.
- **Nr. 42:** Doolhof. 2 fiches aan de pot betalen en terug naar nr. 37.
- **Nr. 52:** Gevangenis. 4 fiches betalen en wachten tot je door een van de andere spelers wordt bevrijd.
- **Nr. 58:** Dood. 2 fiches in de pot storten en helemaal opnieuw beginnen.

Als je met je pion op een gans terechtkomt, mag je nog een keer hetzelfde aantal vakjes vooruitgaan. Kom je op een vakje waar al een pion van een medespeler staat, dan moet je terug naar je oude plaats.

Als je met je pion op een vakje met dobbelstenen terechtkomt, mag je nog een keer gooien.

Om de pot te winnen, moet je bij de laatste worp precies het aantal ogen gooien om nummer 63 te bereiken. Als je teveel gooit, moet je vanaf nummer 63 terugtellen. Komt de pion dan op een gans, dan moet je nóg een keer hetzelfde aantal vakjes terug.

Les 2

Druk, druk, druk!

Uitleg

1 Het pronomen relativum

Het pronomen relativum verwijst naar een woord dat al eerder in de zin is genoemd. Dat woord is het antecedent.
Het pronomen relativum introduceert een (relatieve) bijzin. Die bijzin geeft informatie over het antecedent.

➔ Lees de tekst. Onderstreep de (6) pronomina relativa. Omcirkel het antecedent.

Ik heb een nieuwe baan! Ik heb nu eindelijk werk gevonden dat ik leuk vind.

Hiervoor had ik namelijk een baan die ik niet zo leuk vond. Ik ben nu commercieel medewerker binnendienst.

Ik werk samen met een collega die dit werk al een paar jaar doet. Hij kan me dus veel
5 uitleggen.

Op onze afdeling werkt ook een assistente. Het is een jong meisje dat net van school af is.

Verder zijn er nog twee buitendienstmedewerkers met wie ik veel contact heb.

Er is maar een nadeel: het gebouw waarin ik werk heeft geen airco. Dus 's zomers wordt het daar erg warm.

➔ Vul in en streep het onjuiste antwoord door.

.... in regel 1 verwijst naar .... Het antecedent is een de-woord / het-woord.

.... in regel 2 verwijst naar .... Het antecedent is een de-woord / het-woord.

.... in regel 4 verwijst naar .... Het antecedent is een de-woord / het-woord.

.... in regel 6 verwijst naar .... Het antecedent is een de-woord / het-woord.

.... in regel 7 verwijst naar .... Het antecedent is een persoon / zaak.

.... in regel 8 verwijst naar .... Het antecedent is een persoon / zaak.

▶ Formuleer de regels. Streep de onjuiste woorden door.

DIE	gebruik je om te verwijzen naar de-woorden / het-woorden als het antecedent een persoon / zaak / persoon of zaak is.
DAT	gebruik je om te verwijzen naar de-woorden / het-woorden als het antecedent een persoon / zaak / persoon of zaak is.
PREPOSITIE + WIE	gebruik je om te verwijzen naar personen / zaken.
WAAR + PREPOSITIE	gebruik je om te verwijzen naar personen / zaken.

Let op!

In de spreektaal wordt vaak *waar + prepositie* gebruikt om te verwijzen naar personen in plaats van *prepositie + wie*.

Ik heb twee collega's *met wie* ik veel contact heb.
Ik heb twee collega's *waarmee* ik veel contact heb.
Ik heb twee collega's *waar* ik veel contact *mee* heb.

1.1 Het pronomen relativum *wat*

▶ Lees de zinnen. Waarnaar verwijst het pronomen relativum *wat*?

Alles *wat* ik wil is een leuke baan. _alles_
Er is veel *wat* we nog moeten bespreken tijdens de vergadering. ....
Organiseren is iets *wat* ik niet goed kan. ....
Pieter gaat parttime werken, *wat* hij erg prettig vindt. ....
Er is niets *wat* hij liever doet dan vergaderen! ....
Er is maar weinig *wat* ik leuk vind aan mijn werk. ....

▶ Vul de regel aan.

Het pronomen relativum *wat* verwijst naar
- een hele (bij)zin
- de onbepaalde telwoorden _alles_ ....
....
....
....
....

Les 3

2 Het adverbium

▶ Lees de zinnen. Bij welke woorden horen de **vet**gedrukte adverbia?
Omcirkel die woorden.

1. Het was een **behoorlijk** drukke dag.

2. Ik heb **lang** getelefoneerd met een klant in het buitenland.

3. We hebben **erg** hard gewerkt.

▶ Streep het onjuiste woord door.

Het omcirkelde woord in zin 1 is een substantief / adjectief

Het omcirkelde woord in zin 2 is een verbum / adjectief

Het omcirkelde woord in zin 3 is een adjectief / adverbium

▶ Formuleer de regel.

> Een adverbium geeft een kenmerk of eigenschap aan een
>
> • ....
> • ....
> • ....
>
> De vorm van het adverbium verandert nooit.

3 Woordvorming: het suffix

Met een suffix kun je van een woord een nieuw woord maken.

- Het suffix *–ing* gebruik je om een **verbum** te veranderen in een substantief:

    Jan laat zich **opleiden** tot chauffeur.   Hij volgt een opleid*ing* tot chauffeur.
    Met dit formulier kun je je **inschrijven**   De inschrijv*ing* moet voor 12 maart binnen zijn.
    voor de cursus.

- Het suffix *–heid* gebruik je om een **adjectief** te veranderen in een substantief:

    Schriftelijk reageren op de vacature is   U hebt de mogelijk*heid* om tot 1 juni schriftelijk
    mogelijk tot 1 juni.   te reageren op deze vacature.
    Ik ben op mijn werk erg **vrij**.   Ik vind de vrij*heid* op mijn werk erg prettig.

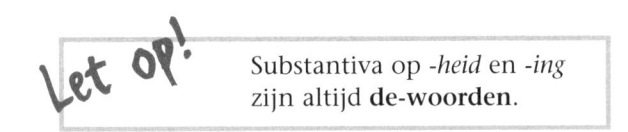

Let op! Substantiva op *-heid* en *-ing* zijn altijd **de-woorden**.

- Het suffix *–baar* gebruik je om een **verbum** te veranderen in een adjectief. Dit suffix betekent 'mogelijk om te…'.

    Ik kan je fax niet goed **lezen**.   Je fax is niet goed lees*baar*.
    Het is nog niet duidelijk of we het   We weten nog niet of het project realiseer*baar*
    project kunnen **realiseren**.   is.

- Het suffix *–loos* gebruik je om een **substantief** te veranderen in een adjectief. Dit suffix betekent 'zonder'.

    Willem heeft nog steeds geen **werk**   Hij is nu al 5 maanden werk*loos*.
    gevonden.
    Het is slordig als er **fouten** in een   Een sollicitatiebrief moet fout*loos* zijn.
    sollicitatiebrief staan.

- Het suffix *–rijk* gebruik je om een **substantief** te veranderen in een adjectief. Dit suffix betekent 'met veel…'.

    Voor deze functie zoeken we iemand met   Voor deze functie zoeken we een initiatief*rijke*
    veel eigen **initiatief**.   persoon.
    De adviescommissie heeft veel **invloed**   De commissie is erg invloed*rijk*.
    op de directie.

Les 3

33

Oefeningen

1 Vul in.

> dat ∷ van wie ∷ die ∷ waarmee ∷ die ∷ waarin

1. De computer .... ik thuis werk, heb ik via mijn werk gekocht.
2. Hij is manager van de afdeling .... wordt gereorganiseerd.
3. De cursus .... ik voor mijn werk heb gedaan, kostte € 500.
4. Het gesprek .... ik gisteren met de directie had, was niet zo prettig.
5. De docent .... ik dit boek heb geleend, is al drie weken ziek.
6. Waar is de map .... we de inschrijfformulieren bewaren?

2 Maak zinnen.

Maak van twee zinnen één zin. Vervang het **vet**gedrukte woord door een pronomen relativum. Let op de woordvolgorde.

Voorbeeld
Intrafarm is een bedrijf. **Het bedrijf** produceert medicijnen.
Intrafarm is een bedrijf dat medicijnen produceert.

1. Ik werk met de computer. **De computer** heb ik via mijn werk gekocht.

2. In de krant staat een artikel over het bedrijf. **Het bedrijf** is gisteren afgebrand.

3. Daar staat de nieuwe directeur. Marieke vertelde gisteren over **de nieuwe directeur**.

4. Hier ligt de agenda. Eric kon **de agenda** niet vinden.

5. Daar loopt het meisje. **Het meisje** werkt sinds kort op onze afdeling.

6. Dit is de nieuwe collega. **De nieuwe collega** gaat Ans vervangen.

7. In dit gebouw is een speciale ruimte. In **deze ruimte** bewaren we alle dossiers.

8. Zojuist belde de klant. Pim heeft vanochtend een half uur op **de klant** gewacht.

3 Woordvorming

a) Maak van het verbum een substantief.

1. uitnodigen ....
2. afwisselen ....

b) Maak van het verbum een adjectief.

3. scheiden ....
4. bereiken ....

c) Maak van het adjectief een substantief.

5. snel ....
6. gastvrij ....

4 Vul in.

Gebruik de nieuwe woorden uit oefening 3.

1. Ik heb een week bij Edith gelogeerd. Om haar te bedanken voor de .... heb ik een cadeau voor haar gekocht.
2. Marieke geeft les aan zes verschillende groepen. Zij vindt die .... in haar werk erg prettig.
3. Paul heeft een mobiele telefoon gekocht. Hij is nu altijd en overal ....
4. Weet jij welke van deze verba .... zijn?
5. Ik heb een .... gekregen voor een persoonlijk gesprek over mijn sollicitatie.
6. Rik heeft een bekeuring gekregen. Hij reed namelijk met een .... van 80 km per uur door het centrum!

5 Maak zinnen.

1. geen personeel – het bedrijf – aannemen – meer – vanwege de financiële problemen.
   ....
2. toelichten – graag – ik – in een persoonlijk gesprek – mijn brief en CV.
   ....
3. afstuderen – ik – in 1996 – zijn – aan de Universiteit van Amsterdam.
   ....
4. in dit vak – het – belangrijk – zijn – dat – je – omgaan – goed – kunnen – met dieren.
   ....
5. een psychologische test – een sollicitatieprocedure – deel uitmaken van – vaak.
   ....

Les 3

6 Wat betekent ongeveer hetzelfde?

1. afwisselend
2. zinvol
3. de eigenschap
4. de functie
5. door de week
6. de docent
7. organiseren
8. toelichten
9. de afsluiting
10. momenteel

a. het kenmerk
b. het slot
c. gevarieerd
d. regelen
e. nuttig
f. uitleggen
g. de baan
h. nu
i. op werkdagen
j. de leraar

7 Vul in.

werkomstandigheden ⋮ helaas ⋮ beroepsbevolking ⋮ omscholen
geduldig ⋮ streng ⋮ creatief

1. Er waren te weinig inschrijvingen. Daarom gaat de cursus .... niet door.

2. Een groot deel van de Nederlandse .... werkt in de industrie.

3. Nynke kan geen baan vinden die past bij haar opleiding. Zij wil zich daarom laten .... tot docent.

4. Han kan erg goed tekenen en schilderen. Ik wou dat ik ook zo .... was!

5. Wij hadden vroeger een leraar die erg .... was; we mochten de hele les niet met elkaar praten!

6. Als je een boze klant aan de telefoon hebt, is het moeilijk om altijd beleefd en .... te blijven.

7. Het personeel van die fabriek gaat staken omdat ze betere .... willen.

8 Informatie vragen

Combineer de zinsdelen.

Ik bel naar aanleiding van ... Zou u mij misschien kunnen zeggen ...
Zou het mogelijk zijn ... Hebt u enig idee ... Bovendien wilde ik nog graag weten ...
Dus ik kan ervan uitgaan ... Hoe zit het trouwens ...

1. .... uw advertentie en ik zou willen weten of de baan als koerier nog vrij is.
2. .... of mevrouw Bijker te spreken is?
3. .... of ik haar vandaag nog kan bereiken?
4. .... hoelang de dagelijkse werktijden zijn.
5. .... met parkeermogelijkheden in de buurt van uw bedrijf?
6. .... dat meneer van den Ende mij morgen voor een sollicitatiegesprek uitnodigt?
7. .... dat hij mij vandaag nog terugbelt?

Gevraagd: medewerker op rundveebedrijf
Inl. H. v. Arem, 0313-631260

Wij zoeken voor 20 u. p.w. een
winkelmeisje
Brood- en Banketbakkerij Marcus, Hatertseweg 93, Nijmegen. Tel.: 024-3553530, vr. naar dhr. en/of mevr. Loeffen.

Voor de locatie Rijswijk zijn wij op zoek

Bedrijfspsycholoog m/v
(32 uur)

Functie
De bedrijfspsycholoog werkt vanuit een of meerdere locaties en maakt deel uit van een team van psychologen. Diagnosticeert en behandelt werknemers met werkgerelateerde problematiek zoals bijvoorbeeld spanningsklachten, stress en burn-out.
Levert een vakinhoudelijke bijdrage aan beleids- en productontwikkeling.

■ **Creatieve Webmaster**
voor het intranet en internet van het ROC van Amsterdam

Je taken
- In samenwerking met de contentmanager en de afdeling ICT werken aan het technisch doorontw
- Technische werkzaamh het ondersteunen van
- Meedenken en meewe

Functie-eisen
- Kennis van en ervari is een pre.

Hotel Cafe Partycentrum DE KRUISBERG heeft op korte termijn ruimte voor een full-time
zelfst. werkende Kok
Voor reacties. HCR DE KRUISBERG
Kruisbergseweg 172, 7009 BT Doetinchem vragen naar mevr. Jansen 0314-324123

Horeca
IETS VOOR JOU?
Frietjes bakken, milkshakes tappen enz. Afwisselend werk, reageer dan!
Tel.: 0481-462162.
Cafetaria Moos Bemmel

PARA-/MEDISCH

Gevraagd per 1-9-2001:
Doktersassistente
voor aktieve duo-praktijk in Doesburg.
Bij voorkeur 28 uur p.w.
i.s.m. twee collega's Tel.: 0313-473079.

Les 3

9 Luisteren 🎧 8

Lees de vragen. Luister daarna naar de tekst en geef antwoord op de vragen.

1. Wat is het onderwerp waarover de heer Slimmer belt? ....
2. Wanneer vindt de lezing plaats? ....
3. Voor wie is de uitnodiging bestemd? ....
4. Hoelang duurt de bijeenkomst? ....
5. Moet de heer Kuiper bevestigen? ....

10 Schrijfplan voor een sollicitatiebrief.

a) Lees de volgende tekst.

Het doel van een sollicitatiebrief is een uitnodiging voor een gesprek. Natuurlijk is het belangrijk dat je opleiding en ervaring aansluiten bij de functie-eisen. Maar een goede brief is minstens zo belangrijk.
De ABBA-methode biedt een structuur om een goede sollicitatiebrief te schrijven. De letters staan voor *Aandacht, Belangstelling, Behoefte* en *Actie*. Dat wil zeggen: in je brief zorg je ervoor dat je eerst de aandacht krijgt van de lezer. Dan probeer je zijn belangstelling te wekken. Vervolgens schrijf je een alinea waardoor bij de werkgever de behoefte ontstaat om met je verder te praten. En tot slot zorg je ervoor dat hij actie onderneemt en je uitnodigt voor een gesprek. Niet alleen de volgorde waarin je dingen opschrijft is belangrijk, maar ook de manier waarop. Hieronder zie je wat je in de vier alinea's kunt schrijven.

Aandacht
In een korte inleiding vertel je waarom de vacature je opviel. Motiveer op een leuke manier je belangstelling voor de baan.

Belangstelling
Vertel in het kort waarom juist jij de aangewezen persoon bent voor die baan. Zet je goede eigenschappen en vaardigheden (die relevant zijn voor de functie) op een rij.

Behoefte
In dit deel van de brief zorg je ervoor dat de werkgever graag met je verder wil praten. Zet je (voor de functie relevante) kennis en ervaring op een rij aan de hand van je CV.

Actie
In het laatste deel van je brief zorg je ervoor dat de werkgever je gaat uitnodigen voor een gesprek. Dat doe je door te verwijzen naar je CV. Vertel ook dat je graag wat meer over jezelf komt vertellen.

b) Lees de brief. Zet de alinea's in de juiste volgorde.

Aan Liberotoon
T.a.v. mw. A. Bijker
Directie Personeelsmanagement
Postbus 312
6400 MD Maastricht

Groningen, 19-03-2001

Betref: vacature belcentralemanager

Geachte mevrouw Bijker,

Ik werk al weer vijf jaar als helpdeskspecialist bij MegaCom. Ik draai daar goede omzetten en heb het naar mijn zin. Maar de snelle markt van mobiele telefonie trekt me enorm. Vooral omdat ik dan mijn verkoopervaring kan combineren met mijn IT-achtergrond. Bovendien ben ik flexibel, enthousiast, geen '9 tot 5 type' en een echte teamspeler. Ik kijk ernaar uit om mijn kennis en ervaring voor uw bedrijf gericht in te zetten.

Een paar punten uit mijn loopbaan licht ik er voor u uit. Ik heb callcenter-ervaring opgedaan in drie functies bij twee werkgevers. Ik heb ervaring met uitvoering, als coördinator, en ik heb verstand van de financiële kant. Ik heb een technische informatica-opleiding gevolgd. In de afgelopen drie jaar heb ik vier relevante trainingen gevolgd. Ik ben ervan overtuigd dat de integratie tussen internet en telecommunicatie op korte termijn een feit zal zijn. Mijn ervaring bij internetbedrijf MegaCom zal daarom goed van pas komen in deze functie.

In mijn CV kunt u meer lezen over mijn achtergrond. Zoals u ziet sluiten de functie-informatie en het profiel goed aan bij mijn kennis en ervaring. Ik zou het dan ook bijzonder op prijs stellen als we hierover met elkaar een gesprek kunnen hebben. Ik wacht met spanning uw reactie af.

In de Volkskrant van 17 maart 2001 zag ik dat u de functie vacant heeft van manager belcentrale in uw vestiging in Maastricht. Toen ik deze advertentie zag wist ik dat dit de baan was waarnaar ik al een tijdje zoek. Deze baan sluit precies aan bij de werkervaring die ik in de afgelopen jaren heb opgedaan.

Met vriendelijke groeten,

Roelie Anders

Roelie Anders
Gorechtkade 94
9743 JK Groningen

Bijlage: Curriculum Vitae

c) Maak de sollicitatiebrief compleet. Gebruik eventueel de informatie tussen haakjes.

....
....
....
....
....

....

....

Geachte heer Meijers,

In de Volkskrant van 6 juli jongstleden [advertentie voor functie van hoofd administratie] ....
....

Gezien mijn kennis en ervaring in dit vakgebied, [geschikt zijn] ....
.... Het lijkt me ook een leuke baan omdat ....
....

Een hoofd administratie moet in mijn ogen [samenwerken, ...] ....
....

Dat zijn precies de eigenschappen die ik in huis heb. Bovendien ....
....

Sinds .... werk ik bij Kurpers Administratie. De eerste twee jaar was ik .... Daarna heb ik ....

In mijn CV [ervaring/opleiding] ....
....

[afsluitende zin] ....
....

[afsluiting] .... ,

....

....
....

....

40

11 Woordenschat

Lees de tekst op pagina 32 in het tekstboek ('En wat doe jij ...?') nog een keer.
Kunt u met behulp van de context de betekenis vinden van de volgende woorden?

1. r. 6   twijfelen
   ....

2. r. 9   tekort
   ....

3. r. 23 contract
   ....

4. r. 36 voorkeur
   ....

5. r. 62 stage lopen
   ....

12 Schrijven

Schrijf een korte tekst waarin u antwoord geeft op de volgende vragen:

– Wat vindt u van het beroep onderwijzer?
– Zou u zelf onderwijzer willen zijn?
– Waarom wel/niet?

41

13 Kies de juiste prepositie.

1. moeite hebben — met — door — van
2. te maken hebben — door — met — voor
3. zich verbazen — tot — over — met
4. instemmen — van — in — met

14 Vul de combinaties van oefening 13 in.

1. Ik denk dat alle commissieleden zullen .... dit plan; het ziet er prima uit!
2. Gerrit .... het nieuwe computerprogramma. Hij kan er nog niet goed mee werken.
3. De meeste politieagenten .... wel eens .... gevaarlijke mensen.
4. Ik .... het succes van dat product. Ik dacht dat niemand het zou kopen.

Een tuin op het zuiden

Uitleg

1 Hulpwerkwoorden in combinatie met de infinitief

- Modale hulpwerkwoorden + infinitief

➔ Lees de tekst. Onderstreep de modale hulpwerkwoorden en omcirkel de infinitieven.

Ik moet verhuizen. Ik heb namelijk een nieuwe baan in Assen gevonden. Ik wil daar een nieuw huis kopen. Ik zal er waarschijnlijk wel een tijdje mee bezig zijn, want in Assen staan niet zoveel huizen te koop die ik leuk vind. Ik kan natuurlijk een makelaar inschakelen, maar dat mag niet te veel kosten.

➔ Vul aan.

Modale hulpwerkwoorden geven een extra betekenis aan de zin.
De belangrijkste modale hulpwerkwoorden zijn: ....
....
....
....
....

- Andere hulpwerkwoorden + infinitief

➔ Lees de volgende zinnen. Onderstreep de hulpwerkwoorden en omcirkel de infinitieven.

Wij gaan binnenkort verhuizen.
Petra komt naar ons nieuwe huis kijken.
Naomi blijft vannacht in Amsterdam slapen.
We laten een kennis het huis schilderen.
Ik zie die man elke dag hier door de straat lopen.
We horen de buurman 's avonds altijd pianospelen.
Ik voel de vloer trillen. Dat komt waarschijnlijk door de wasmachine.

Les 4

➔ Vul aan.

Andere hulpwerkwoorden die je kunt combineren met een infinitief zijn:

....

....

....

....

- Soms worden de (modale) hulpwerkwoorden gecombineerd met meerdere infinitieven.

➔ Zet de volgende zinnen in het schema. Let op de volgorde van de infinitieven.

Hij wil in de tuin kunnen zitten.
Onze kinderen mogen tot 7 uur buiten blijven spelen.
Onze kennissen willen zaterdag graag komen eten.
Zij zullen waarschijnlijk in mei gaan verhuizen.
We kunnen ook een pizza laten bezorgen.
Zij zullen wel bij Hans en Brigit moeten blijven slapen.
Wij zullen ons oude huis moeten gaan verkopen.
Tijdens mijn vakantie wil ik mijn post laten doorsturen.

	verbum finitum		infinitief van een modaal hulpwerkwoord	infinitief van een ander hulpwerkwoord	infinitief van het hoofd-werkwoord
Hij	wil	in de tuin	kunnen		zitten.

- Hulpwerkwoorden + *te* + *infinitief*

➡ Lees de zinnen. Onderstreep de hulpwerkwoorden en omcirkel *te* + *infinitief*.

Je <u>hoeft</u> je geen zorgen (te maken) over woonruimte; dat regelt het bedrijf voor je.

Ze durven hun kinderen 's avonds niet alleen te laten.

Onze buurvrouw ligt werkelijk de hele dag te zonnen.

Bas zit op de bank te lezen.

Ik sta al een kwartier op de trein te wachten.

Kaatje loopt de hele tijd te zeuren om een ijsje.

➡ Vul aan.

Hulpwerkwoorden die je moet combineren met *te* + *infinitief* zijn:

....

....

....

Let op!

> Separabele verba:
>
> Veel kinderen durven de straat niet **over** te **steken**.
> Ik hoef morgen pas om 9 uur **op** te **staan**.

Les 4

1.1 De combinatie *(modaal) hulpwerkwoord* + *infinitief* in het perfectum

De combinatie *(modaal) hulpwerkwoord* + *infinitief* krijgt een speciale vorm in het perfectum.

➡ Lees de tekst. Onderstreep de vormen van het perfectum.

Mijn man en ik <u>hebben</u> maanden <u>lopen</u> <u>zoeken</u> voordat we een huis vonden dat groot genoeg was en niet te duur. We hebben eerst een advertentie in de krant laten zetten, maar daar kregen we geen reactie op. Uiteindelijk is een buurvrouw ons komen vertellen dat er een eindje verderop een leuk huis te koop stond. We zijn meteen gaan kijken. We vonden het erg leuk en we gaan het waarschijnlijk deze week kopen.

Let op!

> *(modaal) hulpwerkwoord* + *infinitief* in het perfectum:
>
> – je gebruikt **geen te**
> – er komen **twee infinitieven** na elkaar.

- Bij de volgende hulpwerkwoorden in combinatie met *te + infinitief* gebruik je in het perfectum wél *te* en een **participium**.

    Hij heeft **geprobeerd** het huis zo snel mogelijk *te verkopen*.

    Zij hebben **geweigerd** de vraagprijs voor ons huis *te betalen*.

    Wij hebben **besloten** ons huis *te verbouwen*.

    Ze zijn **begonnen** het trappenhuis *te schilderen*.

    Hij is **vergeten** mij de sleutel van de keukendeur *te geven*.

Oefeningen

1 Maak de zinnen compleet.

Vul het juiste verbum finitum in. Gebruik *te* waar nodig.

weigeren ⁞ mogen ⁞ komen ⁞ hoeven ⁞ willen ⁞ ~~durven~~

Onze kinderen fietsen door het park naar school.
Ze niet over de grote weg fietsen.
Ze durven niet over de grote weg te fietsen.

1. De tuin van ons nieuwe huis is al helemaal in orde.
   Daar we gelukkig niets meer aan doen.

2. We hebben onze nieuwe buren ontmoet. Ze zijn heel aardig. Daarom hebben we ze uitgenodigd.
   Ze volgende week vrijdag bij ons eten.

3. We willen een extra kamer aan ons huis bouwen. Daarvoor moeten we toestemming vragen aan de gemeente.
   Zonder toestemming je namelijk je huis niet verbouwen.

4. Onze buren maken altijd veel lawaai, maar ik heb geen zin in ruzie.
   Daarom ik er liever niets van zeggen.

5. We hebben de rekening van de reparatie naar de huisbaas gestuurd, maar
   hij betalen.

2 Maak zinnen.

Gebruik *te* waar nodig.

1. We hebben lekkage in de keuken. We hebben meteen de loodgieter gebeld.
   proberen – hij – oplossen – het probleem – zo snel mogelijk.

2. Ik wil heel graag een terras in de tuin.
   moeten – wel – in de zomer – zitten – ik – lekker – kunnen – buiten.

3. We hebben veel tijd en geld aan de verbouwing besteed; daarom
   wonen – we – hier – blijven – minstens twee jaar – willen.

47

4. Ik heb een verhuisbedrijf gebeld. Die regelen voor ons de hele verhuizing, dus nadenken – we – niet meer – hoeven – over – daar.
   ....

5. Frank heeft een nieuwe baan gevonden in Boedapest.
   beginnen – hij – daar – waarschijnlijk – moeten – in augustus – zullen.
   ....

3   Zet de zinnen in het perfectum.

1. Ze probeert haar huis volgens de laatste mode in te richten.
   Ze heeft geprobeerd haar huis volgens de laatste mode in te richten.

2. Anne en Rob moeten veel aan hun huis verbouwen.
   ....

3. Ze gaan naar een nieuw appartement kijken.
   ....

4. De woningbouwvereniging weigert de reparaties te betalen.
   ....

5. Petra staat de hele middag met de buurvrouw te praten.
   ....

6. De kinderen kunnen de hele avond op het pleintje spelen.
   ....

4   Maak zinnen.

Gebruik *te* waar nodig.

1. hebben – de hele nacht – blaffen – de hond van de buren – lopen.
   ....

2. komen – de rotzooi – niet – de – nog – opruimen – steeds – gemeente – zijn.
   ....

3. ons – sturen – zijn – hij – vergeten – een kopie van het huurcontract.
   ....

4. iedereen – volgens mij – horen – onze ruzie – hebben – kunnen.
   ....

5. ons huis – wij – besluiten – tijdens onze wereldreis – hebben – verhuren.
   ....

5 Maak zinnen.

Gebruik *liggen, staan, zitten* of *lopen* + infinitief in het perfectum.

1. ....

2. ....

3. ....

4. ....

5. ....

6. ....

Les 4

49

6 Wat hoort bij elkaar?

Kies bij elke omschrijving het juiste woord.

1. Instantie die goedkope huizen verhuurt.
2. Geld dat je van de overheid krijgt als de huur te hoog is in verhouding tot het inkomen.
3. Officieel document van een afspraak over werk, huur etc.
4. Officiële toestemming.
5. Telefoondienst die je kunt bellen als je ergens niet tevreden over bent.
6. Het overmaken van geld van de ene naar de andere bankrekening.

a) klachtenlijn
b) contract
c) woningbouwvereniging
d) vergunning
e) overschrijving
f) huursubsidie

7 Substantieven

Welke substantieven horen bij deze verba? Gebruik eventueel een woordenboek.

1. rusten
2. klagen
3. ervaren
4. gebeuren
5. berekenen
6. wonen
7. roddelen
8. verzorgen
9. beleven
10. samenstellen
11. presenteren

50

8 Luisteren 9

Luister naar de tekst. Vul de ontbrekende woorden in terwijl u luistert.

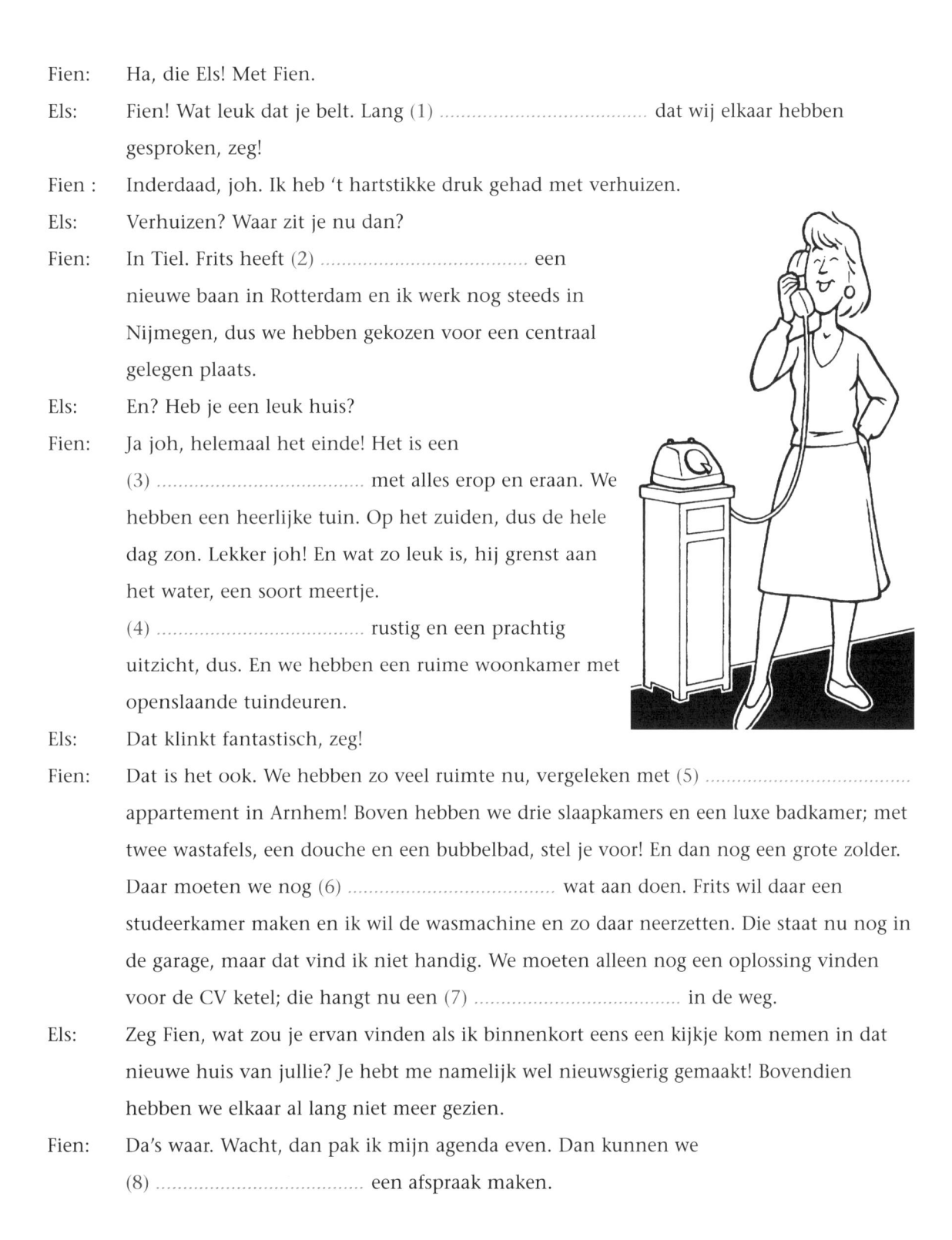

Fien: Ha, die Els! Met Fien.

Els: Fien! Wat leuk dat je belt. Lang (1) .... dat wij elkaar hebben gesproken, zeg!

Fien: Inderdaad, joh. Ik heb 't hartstikke druk gehad met verhuizen.

Els: Verhuizen? Waar zit je nu dan?

Fien: In Tiel. Frits heeft (2) .... een nieuwe baan in Rotterdam en ik werk nog steeds in Nijmegen, dus we hebben gekozen voor een centraal gelegen plaats.

Els: En? Heb je een leuk huis?

Fien: Ja joh, helemaal het einde! Het is een (3) .... met alles erop en eraan. We hebben een heerlijke tuin. Op het zuiden, dus de hele dag zon. Lekker joh! En wat zo leuk is, hij grenst aan het water, een soort meertje. (4) .... rustig en een prachtig uitzicht, dus. En we hebben een ruime woonkamer met openslaande tuindeuren.

Els: Dat klinkt fantastisch, zeg!

Fien: Dat is het ook. We hebben zo veel ruimte nu, vergeleken met (5) .... appartement in Arnhem! Boven hebben we drie slaapkamers en een luxe badkamer; met twee wastafels, een douche en een bubbelbad, stel je voor! En dan nog een grote zolder. Daar moeten we nog (6) .... wat aan doen. Frits wil daar een studeerkamer maken en ik wil de wasmachine en zo daar neerzetten. Die staat nu nog in de garage, maar dat vind ik niet handig. We moeten alleen nog een oplossing vinden voor de CV ketel; die hangt nu een (7) .... in de weg.

Els: Zeg Fien, wat zou je ervan vinden als ik binnenkort eens een kijkje kom nemen in dat nieuwe huis van jullie? Je hebt me namelijk wel nieuwsgierig gemaakt! Bovendien hebben we elkaar al lang niet meer gezien.

Fien: Da's waar. Wacht, dan pak ik mijn agenda even. Dan kunnen we (8) .... een afspraak maken.

9 Zoek de zinsdelen bij elkaar.

1. Haarlem is erg gezellig want
2. Ik wil het liefst in een rustige buurt wonen, zodat
3. Hij gaat waarschijnlijk naar Canada emigreren maar
4. Het is moeilijk om een huis met een vrij uitzicht te vinden, omdat
5. Friesland is een vakantieparadijs, vooral als
6. We kunnen dat huis niet betalen, tenzij

a) Nederland zo dichtbevolkt is.
b) je van zeilen houdt.
c) de kinderen op straat kunnen spelen.
d) de gemeente huursubsidie geeft.
e) deze stad heeft een oud centrum met mooie pleinen.
f) het is nog niet helemaal zeker.

10 Kies het juiste woord.

1. Ik wilde graag verhuizen maar mijn kinderen hadden er $\frac{\text{volledig}}{\text{helemaal}}$ geen zin in.

2. $\frac{\text{Dankzij}}{\text{Bedankt}}$ de gemeente, heb ik nu een leuk flatje.

3. Wij zijn gesloten $\frac{\text{vanwege}}{\text{om}}$ de verbouwing.

4. Een nieuw huis moet je $\frac{\text{meestal}}{\text{huidig}}$ schilderen.

5. Ze gaan een hele nieuwe woonwijk aanleggen $\frac{\text{om}}{\text{door}}$ het huisvestingsprobleem op te lossen.

6. Een wijkkrant is een krant $\frac{\text{daarin}}{\text{waarin}}$ staat wat er allemaal in de wijk gebeurt.

7. Door het vele klussen kreeg mijn man last $\frac{\text{achter}}{\text{van}}$ zijn rug.

8. Voor klachten over uw huis kunt u $\frac{\text{terecht}}{\text{nodig}}$ bij de woningbouwvereniging.

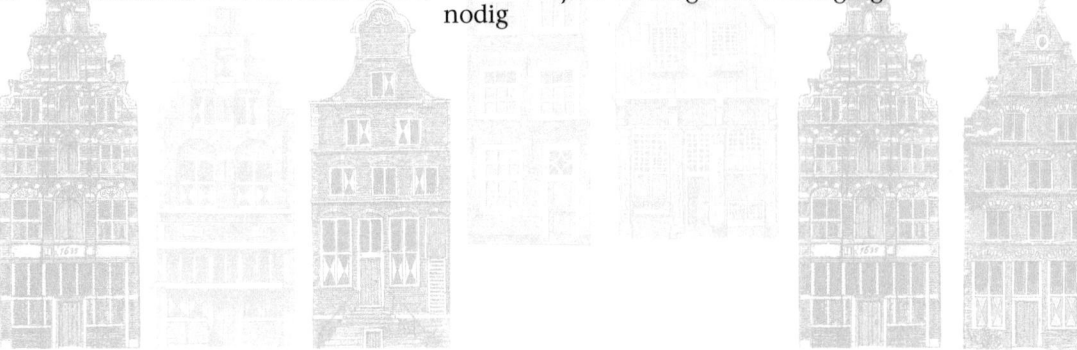

11   Schrijven

Lees de advertenties. Schrijf daarna een korte tekst waarin u antwoord geeft op de volgende vragen:

– In welk huis wilt u het liefste wonen?
– Waarom juist in dat huis?
– Wat is voor u belangrijk als u een huis kiest, aan welke voorwaarden moet het voldoen en waarom?

....
....
....
....
....
....
....
....

Spinozaweg 25 bis
Aan doorgaande weg gelegen nabij winkels, openbaar vervoer en uitvalswegen, goed gebouwde bovenwoning met balkon op het westen.
€ 122.067,-- K.K.

Bremstraat 100
Gezellige, goed onderhouden sfeervolle tussenwoning met tuintje op het westen. In 1997 gerenoveerd (planmatige aanpak Gemeente Utrecht).
€ 131.142,-- K.K.

Balderikstraat 19 NIEUW
Aan rustige woonstraat in Zuilen gelegen redelijk onderhouden tussenwoning met plaats op het noordoosten.
€ 133.865,-- K.K.

Fregatstraat 141 NIEUW
In de Schepenenbuurt gelegen redelijk tot goed onderhouden tussenwoning met tuin op het noorden ca. 8 meter diep met stenen schuur voorzien van electra.
€ 133.865,-- K.K.

Tolsteegplantsoen 8-II
In rustige woonomgeving "Tolsteeg", nabij het centrum, uitvalswegen en openbaar vervoer gelegen, goed onderhouden 3-kamer appartement (voormalig 4 kamers) gelegen op de 3e verdieping met een groot balkon op het westen en een klein balkon op het oosten.
€ 133.865,-- K.K.

Jadelaan 62 NIEUW
Goed onderhouden ruim 5-kamerappartement met 2 balkons, gelegen op de 4e woon laag (tevens bovenste woonlaag) met aparte berging op de begane grond.
€ 135.000,-- K.K.

Les 4

53

12 Wat hoort er niet bij?

1.
klussen
meten
doe het zelven
verbouwen

2.
straat
steeg
voorrangsweg
park
laan

3.
bejaarde
65+ er
oudere
buurman

4.
gas
water
lucht
elektriciteit

5.
appartement
flat
eengezinswoning
kantoor
villa

6.
afhankelijk zijn van
afhangen van
liggen aan
in tegenstelling tot

13 Luisteren 10

U gaat luisteren naar het verhaal van een student die op kamers gaat. Lees de zinnen. Luister daarna naar de tekst en kruis aan: zijn de zinnen waar of niet waar?

waar / niet waar

1. De student komt uit Nijmegen.
2. De student heeft zich ingeschreven voor een kamer.
3. De man in Diemen is erg enthousiast over de kamer.
4. De student neemt de kamer in Diemen niet.
5. De student moet nog een beetje wennen aan zijn nieuwe kamer.

14 Maak de brief compleet.

Woningbouwvereniging Zonnedauw
Afd. klachten en reparaties
Bloemenstraat 22
4322 GR Waalwijk

...., ... - .... - ....

Geachte meneer/mevrouw,

Ik heb onlangs een woning gekregen via uw woningbouwvereniging. Kort nadat ik erin was getrokken, merkte ik dat een aantal zaken niet klopte.
Ten eerste, ...
.... Dit vind ik erg lastig. Daarom stel ik voor dat u
....

Bovendien ben ik niet tevreden over mijn ....
....
.... Ik wil dat u zo snel
mogelijk ....

Ten slotte heb ik gemerkt dat ....
.... Wellicht kunt u snel iemand
sturen die ....

Ik hoop op een spoedige afhandeling.

Met vriendelijke groet,

....
....
....
....

Les 4

15 Lezen: snel informatie zoeken.

Lees de vragen. Probeer de antwoorden *zo snel mogelijk* in de tekst te vinden.
U hoeft de tekst dus niet helemaal te lezen.

1. Hoe kunt u brochures over het woningaanbod krijgen?

2. Hoeveel kost het om het onderhoud door Hank te laten doen?

3. Wat kost een glasverzekering voor dubbele beglazing?

4. Waar kun je de woonwinkel vinden?

5. Is de woonwinkel op maandagavond open?

6. Wie is de leverancier van deuren voor de woningbouwvereniging?

7. Wie kun je om advies over inbraakbeveiliging vragen?

DIENSTEN VAN WONINGBOUWVERENIGING HANK

Het Optiemodel: zo kiest u een woning die bij u past.

Zelf kiezen, variatie, duidelijkheid, geen bureaucratie en harde afspraken op papier. Zo werkt woningbouwvereniging Hank. Het optiemodel, een nieuwe manier van huizen aanbieden, is gemaakt voor u: het werkt eenvoudig, snel, efficiënt en het biedt zekerheid. Want bij woningbouwvereniging Hank geldt: de klant is koning.

Woningaanbod
Het woningaanbod van woningbouwvereniging Hank omvat meer dan 5500 huurwoningen. Om als woningzoekende uit dit aanbod een goede keuze te kunnen maken, zijn alle typen woningen per wijk en dorp samengevat in kleurrijke brochures. Tevens zijn er aparte brochures waarin de voor ouderen en jongeren geschikte woningtypen staan. Deze brochures kunt u verkrijgen door even bij onze winkel binnen te stappen of een e-mail te sturen.

Zelf kiezen
U kunt uit deze brochures uw eigen keuzes maken. Keuzes, want u mag uit ons totale aanbod vijf typen woningen kiezen waarop u een optie wilt nemen. Bij deze keuzes kunnen onze woonconsulenten u adviseren. Graag nemen zij rustig de tijd om u deskundig bij te staan, zodat u gegarandeerd tot een goede en verantwoorde keuze komt, die past bij uw persoonlijke levensstijl.

Onderhoudsservice

De onderhoudsservice van Woningbouwvereniging Hank neemt huurdersonderhoud van bewoners over, tegen een kleine maandelijks bijdrage. Huurdersonderhoud wil zeggen onderhoud in of aan de woning waar de bewoner verantwoordelijk voor is. Dit levert voor bewoners veel voordelen op.

Voor € 5 per maand wordt dit onderhoud door Woningbouwvereniging Hank uitgevoerd. In een brochure staat precies weergegeven voor welk deel van het onderhoud de woningbouwvereniging en de bewoner verantwoordelijk zijn en welk deel door middel van de onderhoudsservice is af te kopen. Op deze manier voorkomen we dat er onduidelijkheid over het onderhoud bestaat.

Het glasfonds

Het glasfonds van woningbouwvereniging Hank is een vorm van collectieve glasverzekering. U hoeft zich als u bent aangesloten bij het glasfonds geen zorgen meer te maken over schade aan de ramen van uw woning. Woningbouwvereniging Hank neemt deze zorgen van u over. De bijdrage die hiervoor gevraagd wordt bedraagt € 2,25 voor dubbele beglazing en € 1,50 voor enkel glas.
Het fonds dekt de schade die ontstaat door storm, inbraak, ongevallen en dergelijke. Schade waarbij een persoon als dader is aan te wijzen, wordt niet gedekt. De bewoner dient dan de schade op de dader te verhalen.

De woonwinkel

De woonwinkel van Woningbouwvereniging Hank is officieel geopend op 13 april 1996. Met deze winkel is de woningbouwvereniging in staat de klanten beter en efficiënter te helpen. U kunt in de woonwinkel terecht voor informatie over woningen en dienstverlening, het afsluiten van een huurcontract en dergelijke. Onze woonconsulenten staan voor u klaar om u met deskundig advies bij te staan.

Adres
De woonwinkel bevindt zich in het pand van Woningbouwvereniging Hank aan het Moleneind in Drachten. Het telefoonnummer is: (056) 951 675.

Openingstijden
De openingstijden van de winkel zijn:
maandag t/m vrijdag: 8.00 -18.00 uur
donderdagavond: 18.00 -21.00 uur
zaterdagochtend: 9.00 - 12.00 uur

Een deur die bij u past: grote keuze in kwaliteitsdeuren.

Toegegeven, een deur is een deur. Iets alledaags, waar je doorheen gaat. Niets bijzonders lijkt het. Maar een deur vertelt ook een verhaal. Hij vertelt bijvoorbeeld iets over de bewoners: zakelijk of frivool, klassiek of modern. De voordeur is een visitekaartje bij uitstek; hij bepaalt de identiteit en de uitstraling van uw woning.
Bij Woningbouwvereniging Hank weten we dat. Vandaar ook dat we voor u, als onze huurder, gezocht hebben naar kwaliteitsdeuren van een passende leverancier. Een leverancier die maatwerk en topkwaliteit levert. Wie? Tingo Deuren uit Winsum (Friesland).

Aantrekkelijk leveringspakket
Wij hebben bijzonder gunstige afspraken met Tingo Deuren kunnen bedingen. Daarom bestaat er voor u de speciale mogelijkheid om de topproducten van Tingo Deuren te verkrijgen, voor prijzen die onder het niveau liggen van de normale leveranciers. Maar dat is niet het enige: * mogelijkheid tot politiekeurmerk * zes jaar verzekerde garantie * tien jaar garantie op het beglazingssysteem * grote diversiteit in kleuren * milieu- en onderhoudsvriendelijke produkten * goede service * snelle levering. Ziedaar het fraaie leveringspakket van Tingo Deuren.

Waar kunt u terecht?
In Woonwinkel Hank aan het Moleneind in Drachten. In de woonwinkel kunt u verschillende deuren van Tingo Deuren bekijken. U kunt zich er op deze manier van overtuigen dat u werkelijk kwaliteit in huis haalt. Bovendien kunt u in de woonwinkel afspraken maken over levering, prijzen en individuele wensen. Onze woonconsulenten zijn u graag van dienst.

Inbraakbeveiliging

Onze woning als 'veilige thuishaven' heeft de laatste tijd nogal wat aan betekenis ingeboet. Want inbraak in woningen komt helaas steeds meer voor. Een vreemde snuffelt in je huis en neemt kostbare en dierbare spullen mee. Je moet er toch niet aan denken?!! 'Vreemde vogels' sluit je liever buiten.

Tips
Een belangrijke tip is om in ieder geval alle draaibare delen, zoals ramen en deuren, op de begane grond te voorzien van inbraakpreventieve voorzieningen. Woningbouwvereniging Hank kan u adviseren inzake uw persoonlijke veiligheidsplan. U kunt dan een afspraak maken voor een advies bij u thuis. Ook kunt u de politie bellen: die geeft eveneens advies aan huis.

Les 4

16 Vul de verba in de juiste vorm in.

> opzeggen ⋮ weggaan ⋮ zich afvragen
> invullen ⋮ zich inschrijven

1. Als je gaat verhuizen, moet je zo snel mogelijk de huur ....
2. Ik .... waarom de buren altijd de gordijnen dicht hebben.
3. Sinds die fabriek is gebouwd .... steeds meer mensen .... uit ons buurtje.
4. Om in aanmerking te komen voor huursubsidie, hebben we een hele berg formulieren ....
5. Als je snel een andere woning wilt, moet je .... bij Meteen Wonen.

17 Kies de juiste prepositie.

1.	voldoen	met	aan	voor
2.	wennen	aan	door	tot
3.	verstand hebben	in	van	aan
4.	zich bezighouden	met	naar	op
5.	zich verheugen	aan	voor	op
6.	afhankelijk zijn	met	tot	van

18 Vul de combinaties van oefening 17 in.

1. Ik zorg meestal voor de kinderen. Mijn man .... niet zo .... de opvoeding.
2. Straks komen Piet en Mariëlle. Ik .... ontzettend .... hun bezoek.
3. Die oude gaskachels zijn gevaarlijk. Ze .... niet .... de nieuwe veiligheidseisen.
4. De hoogte van de huursubsidie .... je inkomen.
5. De kinderen redden zich wel. Ze zullen snel .... hun nieuwe school.
6. Gelukkig .... onze loodgieter ook .... verwarmingsketels.

De meeste stemmen gelden

Uitleg

1 Syntaxis

Een complete zin bestaat uit één of meerdere hoofdzinnen. Een hoofdzin heeft soms *inversie*. Bij een hoofdzin staan soms één of meer bijzinnen. Een bijzin heeft een *andere woordvolgorde* dan een hoofdzin.

➜ Wat hoort bij elkaar?

1. Edith zoekt een andere baan omdat ze haar werk als secretaresse niet meer interessant vindt.
2. De laatste tijd vindt Edith haar werk als secretaresse niet meer interessant.
3. Edith zoekt een andere baan want ze vindt haar werk als secretaresse niet meer interessant.
4. Edith vindt haar werk als secretaresse niet meer interessant.
5. Omdat Edith haar werk als secretaresse niet meer interessant vindt, zoekt ze een andere baan.
6. Edith vindt haar werk als secretaresse niet meer interessant. Daarom zoekt ze een andere baan.

        a. hoofdzin
        b. hoofdzin met inversie
        c. hoofdzin + hoofdzin
        d. hoofdzin + hoofdzin met inversie
        e. hoofdzin + bijzin
        f. bijzin + hoofdzin met inversie

Let op!

- *Inversie*: het subject staat direct na het verbum finitum.

- *Een bijzin*
  - geeft extra informatie bij een hoofdzin (bijvoorbeeld een reden)
  - heeft een eigen subject en verbum finitum
  - heeft een speciale woordvolgorde: *het subject staat direct na de conjunctie en alle verba staan aan het eind.*

1.1 Verbindingswoorden: omdat/daarom en doordat/daardoor

Twee zinnen kunnen een relatie hebben:

    1. Joost blijft vandaag thuis.
    2. De kinderen zijn ziek.   ➞ zin 2 is een **reden** bij zin 1

    1. Lieke heeft de trein gemist.
    2. Ze had zich verslapen.   ➞ zin 2 is een **oorzaak** bij zin 1

Les 5

Conjuncties en verbindende adverbia combineren zinnen die een relatie hebben. Er is geen verschil in betekenis tussen de conjuncties en de verbindende adverbia. Alleen de constructie is anders:

– Een *conjunctie* legt de relatie **binnen één zin**:

Reden
Joost blijft vandaag thuis *omdat* de kinderen ziek zijn.

Oorzaak
Lieke heeft de trein gemist *doordat* ze zich had verslapen.

– Bij *verbindende adverbia* blijven de twee zinnen meestal **apart** staan:

Reden
De kinderen zijn ziek. *Daarom* blijft Joost vandaag thuis.

Oorzaak
Lieke had zich verslapen. *Daardoor* heeft ze de trein gemist.

Met een puntkomma (;) kun je de twee zinnen tóch met elkaar verbinden tot één zin:

Reden
De kinderen zijn ziek; *daarom* blijft Joost vandaag thuis.

Oorzaak
Lieke had zich verslapen; *daardoor* heeft ze de trein gemist.

2 Het passivum

▶ Lees de volgende tekst en onderstreep de vormen van het passivum. Welke hulpwerkwoorden worden gebruikt voor het passivum?

De taken van de Eerste en de Tweede Kamer bestaan vooral uit het controleren van de regering. Verder maakt de Tweede kamer samen met de regering de wetten die gelden in ons land. Als ministers of staatssecretarissen een wetsvoorstel doen, dan moet dit worden goedgekeurd door de leden van de Tweede Kamer. En als een wet door de Tweede Kamer met meerderheid van stemmen is aangenomen, dan komt hij nog eens in de Eerste Kamer in behandeling. De Eerste Kamer controleert namelijk als het ware de Tweede kamer. Wordt de wet hier ook met meerderheid van stemmen aangenomen, dan pas wordt de wet uitgevoerd. Krijgt de wet in de Eerste Kamer geen meerderheid van stemmen, dan is hij van de baan.

De leden van de Tweede Kamer worden rechtstreeks door de burgers gekozen. Dit zijn dus directe verkiezingen. Bij de Eerste kamer ligt dat anders. Zij worden voor vier jaar door de Provinciale Staten gekozen. De leden van de Provinciale Staten – dat is het bestuur van een provincie – worden wel weer rechtstreeks door de inwoners van de provincie gekozen. De verkiezing van de leden van de Eerste Kamer gebeurt dus niet direct, maar indirect. Dat wordt ook wel een getrapte verkiezing genoemd.

➡ Formuleer de regels. Vul in.

- In het passivum gebruik je .... en .... als hulpwerkwoorden. De constructie van het passivum ziet er zó uit:

  .... / .... + **participium** (+ door + handelende persoon)

- Het hulpwerkwoord .... gebruik je in het **presens** (en het imperfectum), het hulpwerkwoord .... gebruik je in het **perfectum**:

  Presens: De wet .... aangenomen (door de Tweede Kamer).
  Perfectum: De wet .... aangenomen (door de Tweede Kamer).

- In het futurum gebruik je *zullen* als hulpwerkwoord in combinatie met .... en het participium:

  Futurum: De wet *zal* .... aangenomen (door de Tweede Kamer).

Op dezelfde manier kun je het passivum combineren met andere hulpwerkwoorden.

➡ Onderstreep het direct object en omcirkel het subject in de volgende zinnen.

actief: De stemgerechtigde burgers kiezen de leden van de Tweede Kamer.
passief: De leden van de Tweede Kamer worden gekozen door de stemgerechtigde burgers.
actief: De Tweede Kamer heeft de wet met meerderheid van stemmen aangenomen.
passief: De wet is met meerderheid van stemmen aangenomen door de Tweede Kamer.

➡ Formuleer de regel. Vul in: subject / direct object.

  Het .... in de actieve zin is .... in de passieve zin.

- Het passivum kun je gebruiken om
  – de **handeling** in een zin nadruk te geven.
  – het direct object van de actieve zin nadruk te geven.

De handeling of het direct object geef je nadruk omdat je de handelende persoon niet belangrijk vindt of niet kent:

<u>De wet</u> **is** met meerderheid van stemmen **aangenomen**.
         ↓   ↓
het direct object van de actieve zin   of   de handeling
hebben nadruk want je vindt de handelende persoon niet belangrijk.

In het *presens, imperfectum* en *futurum* heeft de *handeling* nadruk, in het **perfectum** heeft het **resultaat van de handeling** nadruk. Vergelijk:

Een aantal politieke partijen wil niet dat de wet *wordt* aan*genomen*.
➞ de handeling (aannemen) heeft nadruk.

Het heeft lang geduurd, maar de wet **is** nu toch **aangenomen**.
➞ het resultaat van de handeling heeft nadruk.

Les 5

Oefeningen

1 Syntaxis

Welke 6 zinnen zijn onjuist? Verbeter de fouten.

1. Eens in de vier jaar er zijn verkiezingen voor de gemeenteraden, de Tweede Kamer en de Provinciale Staten.
2. Politici in de Tweede Kamer worden ook wel volksvertegenwoordigers genoemd, omdat ze het volk in de Kamer vertegenwoordigen.
3. Peter-Jan weet niet welke politicus hij moet kiezen maar hij weet wel op welke partij hij wil stemmen.
4. Daarom hij de eerste naam op de lijst van die partij kiest.
5. Omdat die naam staat bovenaan de lijst, wordt die politicus 'lijsttrekker' genoemd.
6. Nadat de formateur een nieuwe regering heeft samengesteld, de regeringspartijen maken afspraken over wat ze willen bereiken.
7. De Tweede Kamer controleert of de ministers in de regering hun werk goed doen.
8. Een wetsvoorstel kan pas een wet worden als een meerderheid in de Tweede Kamer is het ermee eens.
9. Daarna controleert de Eerste Kamer of de wet wel klopt met andere, bestaande wetten.
10. Het komt voor dat de Tweede Kamer moet een nieuw wetsvoorstel doen.

....
....
....
....
....
....

2 Windenergie

Lees de tekst. Streep het onjuiste verbindingswoord door.

'Windmolens bederven het landschap, zijn gevaarlijk en bovendien inefficiënt.' Dat zegt Peter Lukkes. Hij legt uit: 'Het probleem van windmolens is dat ze wieken hebben. (1) Terwijl / Zodra die gaan draaien zie je niets anders meer.' Lukkes is emeritus hoogleraar geografie en actievoerder tegen windenergie. (2) Toen / Als hij met pensioen ging, is hij teruggegaan naar Friesland, (3) maar / want hij heeft niet veel plezier van die verhuizing. (4) Maar / Want hij fietst graag en dat kan nu niet meer. 'We zijn ermee opgehouden. Mijn vrouw en ik houden van weidse uitzichten, (5) maar / dus die zijn er niet meer in Friesland. (6) Omdat / Daarvoor moeten we nu naar Drenthe.' Het zit de tegenstanders van windenergie niet mee. (7) Juist nu / Ondanks zij de politiek willen gaan overtuigen van de nadelen van windenergie, stijgt de olieprijs. Voor de voorstanders is dat een welkome ontwikkeling. (8) En / Maar inderdaad, windmolens verbruiken geen fossiele brandstoffen. (9) Maar / Want dat is geen argument, volgens Lukkes. Er zijn namelijk steeds meer aanwijzingen dat CO2 niet de oorzaak is van de opwarming van de aarde. Lukkes: 'Niemand kan nu nog beweren dat de ijsberen uitsterven of dat er overstromingen zijn in Bangladesh (10) doordat / daarom wij te weinig gebruik maken van windenergie.'

3 Maak de zinnen passief.

a)

De schat

Een dertigjarige inwoner van Enschede heeft een jaar nadat zijn huis was afgebrand zijn bruidsschat teruggekregen. (1) De man verstopte de schat vijf jaar geleden onder de woning. (2) De politie vond de sieraden terug in een rioleringsbuis vlakbij het huis. (3) Men vond echter niet alle sieraden terug. Volgens de politie is een deel ervan mogelijk gesmolten als gevolg van de hitte. (4) De man dekte destijds de bruidsschat af met een doek en een tegel. (5) Het is niet voor het eerst dat men een schat op een vreemde plek heeft teruggevonden. (6) Onlangs heeft men in Enschede honderdduizend euro in een schoenendoos op de vuilstortplaats gevonden.

1. ....
2. ....
3. ....
4. ....
5. ....
6. ....

b)

In hoger beroep.

Er zijn vier soorten rechtbanken in Nederland. (1) Het kantongerecht behandelt de kleine overtredingen. (2) De rechtbank behandelt de echte misdaden. Soms is een verdachte het niet eens met de uitspraak van de rechter. Hij kan dan 'in hoger beroep gaan'. (3) Een hogere rechtbank bekijkt de zaak dan nog een keer. Ook de officier van justitie kan in hoger beroep gaan. Tegen uitspraken van de kantonrechter kan men in hoger beroep gaan bij de rechtbank; tegen uitspraken van de rechtbank kan men in hoger beroep gaan bij het gerechtshof. Tenslotte kan men nog in beroep gaan bij de Hoge Raad in Den Haag, maar de Hoge Raad kijkt niet of de verdachte schuldig is of niet. (4) De Hoge Raad controleert dan het werk van de lagere rechtbanken. Soms ontdekt de Hoge Raad fouten. (5) Men moet dan het proces opnieuw voeren.

Les 5

1. ....
2. ....
3. ....
4. ....
5. ....

4 Maak nieuwe zinnen.

Gebruik het juiste pronomen relativum.

1. In de krant staat een artikel over die minister.

a) Waar is de krant ....?

b) Ik heb een kopie gemaakt van het interessante artikel ....
....

c) Dit is de minister ....

2. De minister sprak met een journalist over de nieuwe wet.

a) Dit is de nieuwe wet ....

b) Daar staat de journalist ....

c) Ik bedoel de minister ....

3. De minister zal reageren op het wetsvoorstel in een rechtstreekse televisie-uitzending.

a) Hoe laat is de rechtstreekse televisie-uitzending ....
....?

b) Hoe heet de minister ....?

c) Van wie is het wetsvoorstel ....
....?

5 Meerdere infinitieven

Maak complete zinnen.

1. kunnen – een president – minder goed – het volk – zullen – dan de koningin – vertegenwoordigen.
....

2. zou – de koningin – hebben – geen politieke invloed – moeten – in een democratie.
....

3. kunnen – de formateur, die een nieuwe regering samenstelt, – praten – met alle partijen – moeten.
....

4. willen – tot een goed compromis – de formateur – kunnen – met de regeringspartijen – komen.
....

5. zullen – voor een periode van vier jaar – de nieuwe regering – besturen – het land – gaan.
....

6 Wat betekent ongeveer hetzelfde?

Zet in elk vakje het juiste nummer.

1. met zijn tijd meegaan
2. de vorst
3. belachelijk
4. ik ben van mening dat
5. representeren
6. de maatschappij
7. de geschiedenis
8. herzien

a. vertegenwoordigen
b. de historie
c. veranderen
d. raar, stom
e. de koning
f. mijns inziens
g. de samenleving
h. modern blijven

7 Vul in.

Verander eventueel de vorm.

argumenten ▪ lijken ▪ mijns inziens ▪ namelijk ▪ onderbouwen ▪ uitleggen
van mening zijn ▪ van plan zijn ▪ vaststellen ▪ volgens ▪ zitten

Om te weten op welke partij je wilt stemmen, moet je wel weten wat de verschillende partijen allemaal (1) .... Elke partij maakt een verkiezingsprogramma. (2) .... zou elke kiezer minstens een paar verkiezingsprogramma's moeten lezen, voordat hij gaat stemmen. In zo'n programma wordt namelijk (3) .... wat de partijen willen gaan doen als zij het land, de gemeente of de provincie gaan besturen. De ene partij (4) .... dat er meer banen moeten komen voor mensen zonder werk. (5) .... de andere partij moeten de belastingen omlaag. Of ze zeggen: 'alle kerncentrales moeten dicht' en (6) .... die stelling met (7) .... in hun verkiezingsprogramma. Aan de plannen van elke partij (8) .... voor- en nadelen. Daarom is het goed om verkiezingsprogramma's te lezen. Dan kun je (9) .... zelf (10) .... met welke partij je het het meeste eens bent. Het (11) .... me logisch dat je dan op die partij stemt.

Les 5

8 Luisteren 11

U gaat luisteren naar een interview. Marijke van Klingelen praat met Joost de Bruin (gemeenteraadslid in Den Haag) over de rol van het koningshuis. Lees de zinnen. Luister daarna naar de tekst en kruis aan: zijn de zinnen waar of niet waar.

waar / niet waar

1. Joost de Bruin vindt het logisch dat er veel wordt gediscussieerd over de rol van het koningshuis.
2. Volgens Joost de Bruin zijn de meeste Nederlanders voorstander van de monarchie.
3. Volgens Joost de Bruin zijn er niet zo vaak problemen met het koningshuis.
4. Joost de Bruin vindt het niet goed dat de koningin boven de politieke partijen staat.
5. Volgens Joost de Bruin is de koningin onpartijdig.

9 Een ingezonden brief

Zet de fragmenten in de juiste volgorde. Let op de signaalwoorden.

Trouw
T.a.v. de redactie
Brede Kade 115
2431 AH Amstelveen

Middelburg, 19 april 2001

Geachte redactie,

Bij dezen wil ik graag reageren op uw artikel 'De koningin verdient te veel' in Trouw van 18 april jongstleden.

Allereerst denk ik namelijk dat een koningin met een uitkering van € 1000,- per maand (zoals u voorstelt) geen voorbeeldfunctie kan vervullen en niet representatief kan zijn. Sterker nog: ik denk dat niemand voor dat bedrag bereid is zo'n zware taak uit te oefenen.

Maar als het toch alleen maar gaat om bezuinigen en kosten besparen, wat te denken van een kostenpost als Defensie? Misschien zou Nederland beter op dát gebied kunnen bezuinigen. Of op het gebied van verkeer. Die twee bij elkaar zouden volgens mij een aanzienlijk grotere besparing opleveren. En met dát geld zou men dan het koningshuis kunnen bekostigen. Dan kan de traditie van de monarchie blijven voortbestaan en kan ons staatshoofd haar taken op een goede manier blijven uitoefenen.

Bovendien ben ik van mening dat Nederland welvarend genoeg is om de kosten van een koningshuis te kunnen dragen. Dat neemt niet weg dat ook ik van mening ben dat het wel om relatief hoge bedragen gaat en dat het ook wel wat minder zou mogen zijn.

In het artikel stelt u dat de koningin een voorbeeldfunctie moet vervullen. Daar ben ik het van harte mee eens. Ook deel ik uw mening dat Nederland zou kunnen bezuinigen op de kosten van het koningshuis. Echter, uw standpunt dat alleen een arme koningin aanvaardbaar is, vind ik onzinnig.

Hoogachtend,
Frits de Korte

Les 5

10 Schrijven

Kies een stelling of bedenk er zelf een. Schrijf een ingezonden brief.
Geef daarin uw mening over de stelling. Geef ook argumenten voor uw mening.
Gebruik eventueel de brief van oefening 9 als voorbeeld.

> Werknemers moeten elke dag tijdens hun werk een half uur aan sport doen. De werkgever moet die tijd doorbetalen.

> Om het milieu te beschermen moeten de benzineprijzen met minimaal 10% omhoog.

> Mensen die veel internetten worden steeds eenzamer.

Geachte ....,

11 Dialoog

Kies de juiste reactie.

Heb je gisteren Big Brother gezien op t.v.?

> Ja, wat een toestand, hè?!

Ik vind dat ze Jeroen en Frits gewoon het huis uit moeten sturen. Die twee realiseren zich niet dat het wordt uitgezonden. Zo'n ordinaire vechtpartij op t.v., dat kán toch niet?!

> 1. a) Nou, ik weet het niet hoor.
>   b) Nou, volgens mij ook, hoor.
>   c) Dat meen ik echt.
>
> Het werd tijd dat er eens wat gebeurde in dat programma. Het begon saai te worden, als je het mij vraagt.

2. a) Daar heb je gelijk in.
   b) Dat vind ik niet.
   c) Dat betwijfel ik.

Ik vind het ook saai om naar te kijken. Er gebeurt eigenlijk bijna nooit wat. Maar een vechtpartij uitzenden vind ik ook weer overdreven. Volgens mij doen ze dat gewoon voor de kijkcijfers.

> 3. a) Toch blijf ik erbij.
>   b) Denk je dat echt?
>   c) Hoezo?

Nou, ik weet het wel zeker, want die commerciële zenders doen tegenwoordig álles om geld te verdienen.

> 4. a) Volgens mij wel.
>   b) Dat meen ik echt.
>   c) Dat is waar.

Les 5

69

12 Vul de verba in de juiste vorm in.

doornemen ⋮ goedkeuren ⋮ meedoen ⋮ overleggen ⋮ overtuigen ⋮ uitleggen

1. Ik snap niks van het politieke systeem. Kun je het me nog één keer ....?

2. Tijdens de kabinetsformatie .... de koningin regelmatig met de formateur.

3. De koningin .... de aanstelling van nieuwe ministers officieel ....

4. In Nederland .... relatief veel partijen .... aan de verkiezingen.

5. De partijen proberen de mensen ervan te .... dat zij het land het beste kunnen regeren.

6. Voordat ik ga stemmen .... ik eerst wat partijprogramma's ...., zodat ik weet welke plannen ze hebben.

13 Kies de juiste prepositie.

1. overtuigd zijn   voor   van   over
2. invloed hebben   in   op   door
3. ervaring hebben   met   door   naast
4. bezwaar hebben   door   tegen   met
5. vasthouden   in   aan   tegen

14 Vul de combinaties van oefening 13 in.

1. Ik .... je goede bedoelingen, maar ik heb liever niet dat je je met dit probleem bemoeit.

2. Ik .... geen .... een koningin als symbool voor onze nationale eenheid.

3. Volgens mij .... mijn stem weinig .... de uitslag van de verkiezingen.

4. Niet iedereen wil dat het koningshuis verdwijnt; veel mensen .... liever .... oude tradities.

5. Heb jij wel eens gestemd per computer?

   Nee, daar .... ik geen ....

Multiculti!

Uitleg

1 Het adjectief, de comparatief en de superlatief

→ Lees de tekst.

Aan 3000 Belgische en Nederlandse jongeren werd gevraagd wat ze van elkaar vinden en weten. Het waren over het algemeen eenvoudige vragen. De score van de Nederlandstalige Belgen was hoger dan die van de andere groepen. De laagste score werd behaald door de Franstalige Belgen. Het grootste deel van de Nederlanders is positief over België. Maar het percentage Belgen dat positief is over Nederland, is niet zo hoog; veel Belgen geven de voorkeur aan Zuid-Europese volken.

→ Vul het schema aan.

Attributief gebruik

adjectief	comparatief	superlatief
de ...*lage*... score	de .... score	de **laagste** score
een .... score	een .... score	Ø
het .... deel	het .... deel	het **grootste** deel
een .... deel	een ...*groter*... deel	Ø
(de) **eenvoudige** vragen	(de) .... vragen	(de) .... vragen

Predikatief gebruik

de score was	de score was **hoger**	de score was het ....
het precentage is **hoog**	het percentage is	het percentage is het ....

Let op!

duur	duur**der**	duurst
ver	ver**der**	verst
zwaar	zwaar**der**	zwaarst

→ Vul het schema aan.

Onregelmatige vormen

adjectief	comparatief	superlatief
veel	meer	....
weinig	....	minst
....	....	best
graag	liever	....

71

- Bij adjectieven die uit drie of meer syllaben bestaan, gebruik je vaak een andere constructie voor de superlatief: *de / het meest + adjectief + -e*.

    vergelijk:
    Het onderzoek begon met de *eenvoudigste* vragen.
    Het onderzoek begon met *de meest eenvoudige* vragen.

- Bij predikatief gebruik van de superlatief
- verandert de vorm niet (in spreektaal hoor je wel vaak een –e aan het eind!);
- staat voor de superlatief altijd *het*.

    De score van de Franstalige Belgen was **het laagst(e)**.
    Het onderdeel met vragen over politiek was **het moeilijkst(e)**.

- *dan* en *even / net zo ... als*
    Met de comparatief kun je een vergelijking maken tussen personen, dingen of handelingen. De comparatief geeft aan dat een kenmerk voor het ene meer geldt dan voor het andere. Als je beide personen, dingen of handelingen noemt, moet je *dan* gebruiken.

    De score van de Nederlandstalige Belgen was hoger *dan* die van de andere groepen.

    Is er *geen* verschil tussen de personen, dingen of handelingen die je met elkaar vergelijkt? Gebruik dan *even / net zo ... als*.

    De score van de Nederlandstalige Belgen was *even / net zo* hoog *als* die van de andere groepen.

2 Er

▶ Lees de voorbeelden.

Er is niets zo lekker als Belgische bonbons.
Ik vind deze film maar saai. Wat vind jij *er*van?
Welke stereotypen bestaan *er* over uw land?
Wat vind je van België? Geen idee. Ik ben *er* nog nooit geweest.
Er gaan elk jaar veel Duitsers op vakantie naar Nederland.
Hoeveel provincies heeft Nederland? Nederland heeft *er* twaalf.
Weet je al wanneer je op vakantie gaat? Nee, ik heb *er* nog niet over nagedacht.
Er wordt in Nederland niet zo veel meer gerookt.
Er zijn geen hoge bergen in Nederland.

▶ Noteer bij elke uitleg de juiste voorbeelden.

2.1 *Er* in verwijzende functie

- *Er* als plaatsaanduiding
    Met *er* kun je verwijzen naar een plaats die al eerder is genoemd.

voorbeeld: ....

Er als plaatsaanduiding heeft nooit nadruk. Het kan dus niet aan het begin van een zin staan. Wil je de plaatsaanduiding nadruk geven? Dan kun je *hier* of *daar* gebruiken. *Hier* en *daar* kunnen wél aan het begin van een zin staan.

- ***Er* + numerale**
  Soms wordt een substantief gecombineerd met een numerale. In plaats van het substantief kun je dan *er* gebruiken om herhaling te voorkomen.

voorbeeld: ....

- ***Er* + prepositie**
  Met de pronomina *hem*, *het* en *ze* kun je verwijzen naar zaken:

  Veel mensen vinden *het weer* in Nederland vreselijk. Ik vind *het* juist wel lekker.

Wanneer je verwijst naar een zaak in combinatie met een prepositie, moet je *er* gebruiken in plaats van de pronomina *hem, het* en *ze*.

voorbeeld: ....

In korte zinnen zijn *er* + prepositie één woord. In langere zinnen staan *er* en de prepositie los van elkaar.

voorbeeld: ....

Let op!

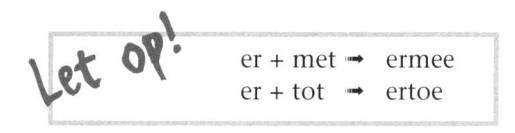

| er + met | → | ermee |
| er + tot | → | ertoe |

2.2 *Er* in grammaticale functie

- ***Er* + onbepaald subject**
  Is het subject van de zin onbepaald? Dan moet je *er* gebruiken.

voorbeeld: ....
voorbeeld: ....
voorbeeld: ....
voorbeeld: ....

- ***Er* in passieve zinnen**
  Soms heeft een passieve zin geen subject. Je moet dan *er* gebruiken. Passieve zinnen zonder subject hebben een zeer algemeen karakter. Ze zijn vergelijkbaar met actieve zinnen waarin *men* het subject is.

voorbeeld: ....

Oefeningen

1. Vul de woorden tussen haakjes in de juiste vorm in.

1. Nederland is .... (dichtbevolkt). Er wonen gemiddeld meer dan 440 mensen per vierkante kilometer.
2. Veel Belgen hebben een .... (positief) houding ten opzichte van Nederland en de Nederlanders.
3. Amerikanen denken dat Nederland .... (progressief) is dan andere Europese landen.
4. Schiphol is de .... (belangrijk) luchthaven van Nederland.
5. Benzine is in Nederland .... (duur) dan in Duitsland.
6. In België en Nederland wordt .... (veel) friet gegeten dan in de rest van de wereld.
7. De .... (veel) Belgen en Nederlanders drinken .... (graag) bier dan wijn.
8. De .... (goed) chocolade komt uit België.
9. Van alle steden die ik heb gezien, vond ik Istanboel het .... (bijzonder).
10. Om een land goed te leren kennen, kun je er .... (goed) naartoe gaan.

2 Vergelijk

Vergelijk uw land met Nederland. Gebruik de *comparatief* (+ *dan*) en *even/net zo ... als*.

1. (aantal inwoners) *Mijn land heeft meer inwoners dan Nederland.*

2. (aantal werklozen) ....

3. (.......) ....

4. ....

5. ....

6. ....

3 Er

Lees de tekst. In welke functie wordt *er* gebruikt? Kies uit de onderstaande mogelijkheden.

De Noordzee
Nederland en België worden in het westen begrensd door de Noordzee. In beide landen zijn (1) **er** dan ook brede zandstranden waar de mensen in de zomer graag op vakantie gaan. Helaas is het niet vanzelfsprekend dat de zon schijnt, want Nederland en België hebben een zeeklimaat. Dat wil zeggen dat de zomers (2) **er** koel en vochtig zijn. Maar zelfs op koele dagen is het druk op het strand. (3) **Er** wordt veel gewandeld, zelfs als het stormt! Bovendien kun je als je koud en moe bent iets eten of drinken in een van de vele strandtenten.
De zee is niet alleen belangrijk voor toeristen; ook vissers zijn (4) **er**van afhankelijk. Vroeger waren (5) **er** veel vissersdorpjes langs de kust, maar in de twintigste eeuw is het aantal beroepsvissers sterk gedaald. (6) **Er** is wel een groeiend aantal mensen voor wie vissen een hobby is. Ook zij komen naar het strand en brengen (7) **er** graag hun vrije dagen door.

a) *Er* als plaatsaanduiding
b) *Er* + onbepaald subject
c) *Er* + prepositie
d) *Er* in passieve zinnen

1.   5.
2.   6.
3.   7.
4.

4 Beantwoord de vragen.

Gebruik *er*.

Voorbeeld
Hoeveel cd's hebt u?
Ik heb er ongeveer 20.

1. Bent u wel eens in Groningen geweest?
   ....

2. Komt u wel eens in Antwerpen?
   ....

3. Maakt u zich zorgen over milieuvervuiling?
   ....

4. Houdt u van Nederlands eten?
   ....

5. Hoeveel Nederlandse rivieren kent u?
   ....

6. Hoeveel boeken leest u gemiddeld per maand?
   ....

5 Maak zinnen.

1. taal – Nederland – zijn – het Standaard Nederlands – officiële – van – de.
   ....

2. Algemeen Beschaafd Nederlands – worden – noemen – dat – vroeger.
   ....

3. worden – spreken – er – in de provincie Friesland – twee talen.
   ....

4. Fries – spreken – bijna iedereen – er – en – Nederlands.
   ....

5. in beide talen – er – in Friesland – worden – op veel scholen – lesgeven.
   ....

6. ook – zijn – een tweetalige radiozender – er – die – heten – radio Fryslân.
   ....

6 Gegevens beschrijven

a) Bekijk het diagram.

Aantal hectaren tulpen, lelies en narcissen in Nederland

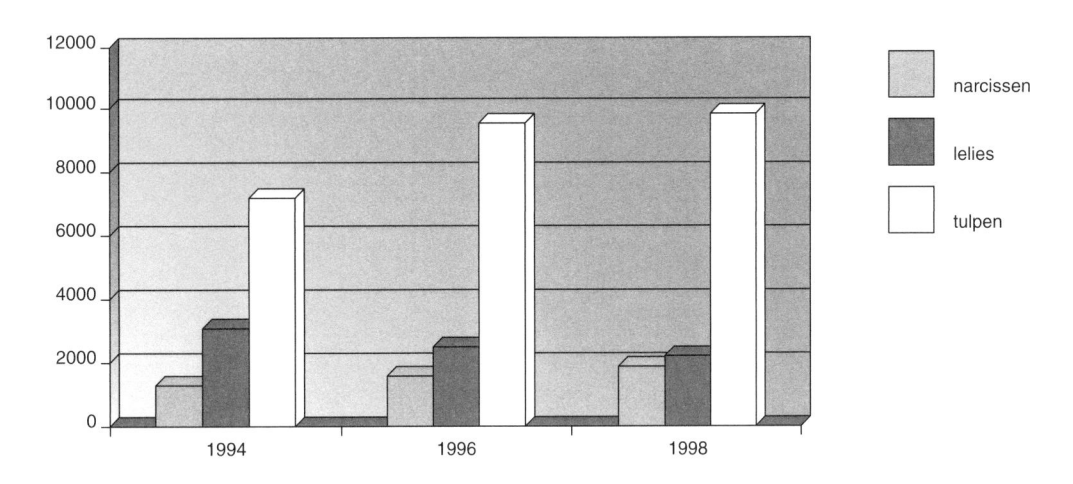

Vul in en verander eventueel de vorm.

dalen ⋮ dan ⋮ gelijk ⋮ laten zien ⋮ opvallen ⋮ relatief ⋮ stijgen

Het diagram .... het aantal hectaren tulpen, lelies en narcissen in Nederland .... in de jaren 1994, 1996 en 1998.

Het .... dat het aantal hectaren tulpen groter is .... het aantal hectaren lelies en narcissen.

Bovendien is het aantal hectaren tulpen tussen 1994 en 1998 ...., terwijl het aantal hectaren lelies is ....

Het aantal hectaren narcissen is .... klein en ongeveer .... gebleven.

77

b) Bekijk het diagram en beschrijf de gegevens.
Gebruik de vorige oefening eventueel als voorbeeld.

Tevreden Europeanen in procenten

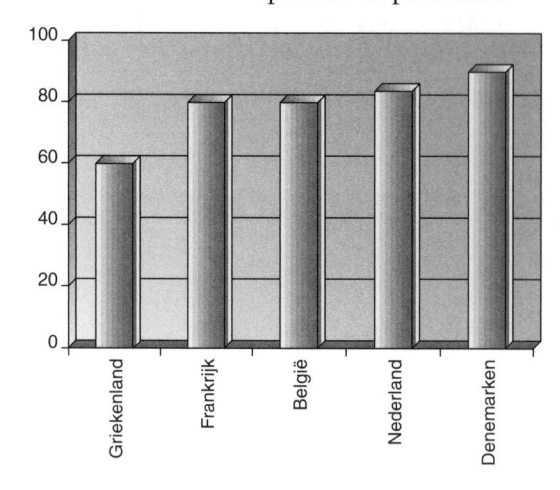

7 Woordvorming

Welke substantieven horen bij de verba? Gebruik eventueel een woordenboek.

1. stijgen   de stijging
2. afnemen   ....
3. dalen   ....
4. toenemen   ....
5. scoren   ....
6. uitleggen   ....
7. beschrijven   ....
8. beïnvloeden   ....

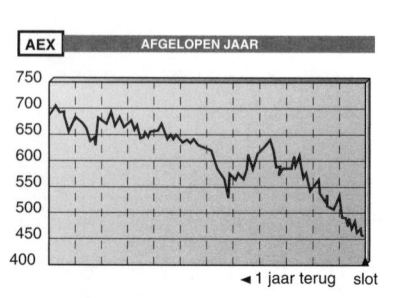

8 Luisteren 12

Lees de zinnen. Luister daarna naar de tekst en kruis aan: zijn de zinnen waar of niet waar?

waar / niet waar

1. Nederlanders en Duitsers weten veel over elkaar.

2. Professor Scholten is gespecialiseerd in de relatie tussen Nederland en Duitsland.

3. De anti-Duitse gevoelens onder Nederlandse jongeren nemen af.

4. De tentoonstelling gaat over de Tweede Wereldoorlog.

5. De interviewster denkt dat de tentoonstelling interessant is.

9 Lezen

Lees de vragen. Lees daarna de tekst en geef antwoord op de vragen.

waar / niet waar

1. Men gebruikt overal in Nederland hetzelfde woord voor een bedrijf dat friet verkoopt.

2. Het woord *frituur* is afkomstig uit Zuid-Nederland.

3. Vanaf de jaren vijftig is men het woord *cafetaria* in Nederland gaan gebruiken.

4. Er is geen verschil tussen een snackbar in Vlaanderen en een snackbar in Nederland.

5. Een *frietje waterfiets* is hetzelfde als een *super supertje*.

ZIN IN EEN FRIETJE?

In Vlaanderen heten bedrijven die friet verkopen meestal *frituur* of *friture*. In Nederland worden veel meer verschillende benamingen gebruikt voor hetzelfde bedrijf. De drie meest voorkomende benamingen zijn *cafetaria*, *snackbar* en *frituur*. Maar er komen nog veel meer benamingen voor, zoals *restaria*, *snackcorner*, *snackwagen*, *automatiek* en *patatterie*. Meestal zeggen de gebruikte benamingen wel iets over het soort bedrijf. Bij een *automatiek* kun je 'uit de muur eten' en een *snackwagen* is een frituurbedrijf op wielen. Uit onderzoek bleek dat de gebruikte benamingen sterk regiogebonden zijn.

Frituur

In Nederland komt de term *frituur* het meest voor in het zuiden. De Zuid-Nederlanders kwamen het eerst in aanraking met het fenomeen patates frites. Tijdens de Eerste Wereldoorlog kwamen er namelijk veel vluchtelingen uit België terecht bij families in Zuid-Nederland. En zij introduceerden niet alleen de Belgische frietjes, maar ook het woord frituur.

Cafetaria

Een verklaring voor de geografische verspreiding van het woord *cafetaria* is minder eenvoudig te vinden. Cafetaria's komen vooral voor tussen Noord-Limburg en de lijn Meppel – Gouda – Burgh Haamstede en verder ook in West-Groningen en Noord-Drenthe en langs de Friese Waddenkust. De term *cafetaria* komt oorspronkelijk uit het Spaans en is waarschijnlijk door de oprichters van Heck's, de eerste Nederlandse horecaketen, in Nederland geïntroduceerd. In de jaren vijftig had Heck's vestigingen in het gebied waar de term nu nog steeds het meest wordt gebruikt.

Snackbar

In Vlaanderen wordt met *snackbar* een zaak bedoeld die voornamelijk belegde broodjes verkoopt. In Nederland is het een synoniem voor *cafetaria* en *frituur*. De term is afkomstig uit het Engels, hoewel men daar met *snacks* wat anders bedoelt, namelijk chips en snoepgoed. Het woord *snackbar* wordt vooral gebruikt in West-Friesland en Midden Friesland. Dat komt waarschijnlijk door de overeenkomsten tussen het Fries en het Engels. Ook in het Westelijke deel van Noord- en Zuid-Holland komt de term *snackbar* veel voor. Een mogelijke verklaring daarvoor is dat daar veel Engelssprekende toeristen komen.

Mag ik wat bestellen?

Naast de verschillende benamingen voor het verkooppunt, zijn er ook tal van benamingen voor de verschillende manieren waarop je friet kunt combineren met sauzen en snacks. Ook die benamingen blijken regiogebonden te zijn. Een bekende combinatie is *patatje oorlog*. In de meeste cafetaria's is een *patatje oorlog* een portie friet met pindasaus en mayonaise. Maar er zijn variaties mogelijk. In sommige delen van het land krijg je behalve pindasaus en mayonaise ook nog curry of gesnipperde uitjes op de friet. Een andere naam voor een *patatje oorlog* is *frietje flip*.

Patat speciaal is vrijwel overal friet met mayonaise, curry en uitjes. Een *frietje waterfiets* (twee frikandellen met daarbovenop patat speciaal) is vooral populair in Gelderland en Noord-Brabant; in Limburg is het bekend onder de naam *super supertje*. Een *patat paniek* is een friet speciaal met pindasaus. In delen van Noord-Brabant noemen ze dat ook wel *frietje rotzooi* en in de randstad is het bekend onder de naam *patatje troep*.

Een typisch Limburgse specialiteit is *frietje zuurvlees* (in het Limburgs *zoervleis*). Recepten voor zuurvlees kunnen van straat tot straat, van snackbar tot snackbar en van familie tot familie verschillen. Het gaat soms om recepten die al generaties lang in de familie circuleren. Zuurvlees is rund- of varkensvlees, aangemaakt met azijn, suiker, zout, peper, appelstroop en laurierblad, waaraan ook nog een gesnipperde ui wordt toegevoegd.

Enkele 'multiculti' varianten zijn: *patatje Spaans* (met prei, gehakt, champignons en sambal), *friet Hawaii* (met pindasaus, uien en ananas) en *patat Paramaribo* (met ketchup en sambal).

10 Wat betekent ongeveer hetzelfde?

1. toenemen
2. uitleggen
3. relatief
4. opvallen
5. ten opzichte van
6. tamelijk
7. afnemen
8. export
9. opvatting
10. progressief
11. vaststellen

a. mening
b. uitvoer
c. minder worden
d. vooruitstrevend
e. bepalen
f. meer worden
g. verklaren
h. verhoudingsgewijs
i. nogal
j. vergeleken met
k. opmerkelijk zijn

11 Maak zinnen.

Gebruik de verba tussen haakjes.

meneer van Dalen – u – vanmiddag – . (terugbellen)

Meneer van Dalen belt u vanmiddag terug.

1. het aantal leden van de vereniging – al enkele jaren – . (afnemen)

....

2. – je bureau – toch eens – ! (opruimen)

....

3. een team van specialisten probeert – door middel van onderzoek – te – wat de oorzaak is van de epidemie. (vaststellen)

....

4. het – me – dat je de laatste tijd zo vrolijk bent! (opvallen)

....

5. – voor – zakkenrollers! (oppassen)

....

6. 's Ochtends is het zonnig maar – in de loop van de middag – de bewolking – . (toenemen)

....

7. behalve bloembollen – Nederland – ook veel zuivelproducten – . (uitvoeren)

....

12 Kies de juiste prepositie.

1. blijken	in	uit	van
2. vinden	van	met	uit
3. vertellen	door	voor	over
4. geïnteresseerd zijn	in	over	met
5. klagen	over	in	door
6. in aanraking komen	tot	met	van

13 Vul de combinaties van oefening 12 in.

1. Mijn buurman .... altijd .... het weer.
2. .... je .... een baan bij de politie? Bel dan voor gratis informatie 0800-1234.
3. Ik ben op mijn werk voor het eerst .... internet.
4. .... onderzoek .... dat Nederlanders en Duitsers niet zoveel over elkaar weten.
5. Mijn opa .... altijd mooie verhalen .... zijn jeugd.
6. Ik wil eerst weten wat mijn collega's .... dit plan ....

Een beetje zappen, een beetje surfen ...

Uitleg

1 Zou/zouden + infinitief (de conditionalis)

De constructie *zou/zouden + infinitief* geeft een speciale betekenis aan de zin.

➡ Lees de zinnen.

1. Zou u mij de informatie per e-mail willen sturen, alstublieft?
2. Ik heb Dirk gebeld maar ik krijg geen gehoor. Zou hij al op vakantie zijn?
3. Mijn moeder zou graag een computercursus willen doen.
4. De printer doet het nog steeds niet! Die zou jij toch installeren?
5. Kinderen kijken veel te veel televisie. Ze zouden wat vaker buiten moeten spelen.
6. Misschien heb je wel RSI. Je zou eens naar de dokter moeten gaan.
7. Volgens sommige medewerkers zou dat softwarebedrijf failliet zijn.
8. Als ik meer tijd zou hebben, zou ik wat vaker de krant lezen.

➡ Zet de zinnen in het schema. Kies de juiste betekenis van *zou/zouden + infinitief*.

Zin	Betekenis
7. Volgens sommige medewerkers zou dat softwarebedrijf failliet zijn.	iets hebben gehoord wat nog niet vaststaat
	zich iets afvragen
	een beleefd verzoek doen
	iets wenselijk vinden
	een suggestie doen, advies geven
	iets wensen
	een irreële voorwaarde stellen
	iemand herinneren aan een afspraak

Let op!

Irreële voorwaarden stellen:
In de bijzin met *als* kun je ook het **imperfectum** gebruiken. Er is geen verschil in betekenis.
Als ik meer tijd *zou hebben*, zou ik wat vaker de krant lezen.
of:
Als ik wat meer tijd **had**, zou ik wat vaker de krant lezen.

84

1.1 Zou/zouden + perfectum

De constructie *zou/zouden + perfectum* heeft een speciale betekenis: je geeft een irreële beschrijving van het verleden.

> Als ik nooit met een computer *zou hebben gewerkt, zou* ik geen RSI *hebben gekregen*.
> (Ik heb wél met een computer gewerkt en ik heb wél RSI gekregen.)

> Als ik niet zo laat naar bed *zou zijn gegaan, zou* ik niet zo moe *zijn geweest*.
> (Ik ben wél laat naar bed gegaan en ik ben wél moe.)

In plaats van de constructie *zou/zouden + perfectum*, kun je hier ook het plusquamperfectum gebruiken. Er is geen verschil in betekenis.

> Als ik nooit achter de computer had gewerkt, had ik geen RSI gekregen.
> Als ik niet zo laat naar bed was gegaan, was ik niet zo moe geweest.

2 Om te + infinitief

De constructie *om te + infinitief* gebruik je

– om een *doel* of *reden* aan te geven

> Karel gebruikt internet vooral *om* informatie *te zoeken*.
> Ik ga straks naar Cees *om* dit programma op zijn computer *te installeren*.

– na te + adjectief

> Je bent nooit te oud *om te leren*.
> Ik help je wel even; die monitor is te zwaar *om* in je eentje *te verplaatsen*.

Les 7

Twaalf Tips: Hoe je aan je muis géén kater overhoudt!

1. Gebruik de muis zo min mogelijk! Gebruik Enter, Esc, Tab, Shift-Tab, F1 t/m F12, Ctrl-Z, Ctrl-X/C/V, etc.
2. Leg de muis dichtbij: elleboog naast het lichaam.
3. Zorg dat de arm bij de elleboog ondersteund wordt, zonder de arm daarbij op te tillen.
4. Ontspan de 'muis'-hand regelmatig; laat de vingers niet boven de knoppen zweven.
5. Knijp de muis niet tussen duim en pink.
6. Houd de pols zo recht mogelijk.
7. Stel de software in op 'Snap to default' Windows 95 en hoger (Configuration> Mouse > Motion).
8. Stel de dubbelklik zo in dat u niet drie keer moet proberen om één keer te dubbelklikken.
9. Stel de muissnelheid zo in, dat positioneren geen precisiewerk wordt.
10. Hulpmiddelen (zoals bijv. een polssteun) zijn geen vrijbrief voor eenzijdig en langdurig muisgebruik.
11. Klachten zijn er om serieus genomen te worden; kaart deze op tijd aan bij arbo-arts (open spreekuur).
12. Ergonomische muizen bestaan niet; een muis wordt pas ergonomisch in combinatie met een verantwoorde duur en intensiteit van gebruik.

Laten we wèl zijn

De Twaalf Provinciën
Landelijke Arbodienst N.V.

Oefeningen

1. Maak de zin af.

Gebruik de constructie *zou/zouden + infinitief*.

Als ik jou was, ...

1. een laptop kopen. ....
2. naar de dokter gaan. ....
3. wat vaker vrij nemen. ....
4. hem niet meer bellen. ....
5. een nieuwe computer vragen. ....

2. Maak nieuwe zinnen.

Gebruik het plusquamperfectum in plaats van de constructie *zou/zouden + perfectum*.

1. Als ik dat eerder zou hebben geweten, zou ik de helpdesk wel hebben gebeld.

....

2. Als je mij om advies zou hebben gevraagd, zou je dit probleem nu niet hebben gehad.

....

3. Als ik een snellere computer zou hebben gehad, zou het werk al lang klaar zijn geweest.

....

4. Als het internet er niet zou zijn geweest, zouden zij elkaar niet hebben leren kennen.

....

5. Als ze een computercursus zou hebben gedaan, zou ze die baan wel hebben gekregen.

....

3 Maak zinnen.

Gebruik de constructie *om te + infinitief*.

1. het weer – zijn – te mooi – de hele dag – binnen blijven.

2. de kinderen – gebruiken – de computer – vooral – spelletjes doen.

3. ik – zijn – te moe – opstaan.

4. je – nodig hebben – de afstandsbediening – de videorecorder – programmeren.

5. ik – kijken – tv – ontspannen.

6. René – nodig hebben – tegenwoordig – een bril – kunnen lezen.

7. Mijn vader – vinden – zichzelf – te oud – leren computeren.

8. Marlies – gaan – naar Spanje – beter Spaans – leren.

Les 7

4 Vul in.

> iets kwijtgeraakt ⁞ geen punt ⁞ aan de slag ⁞ achter mijn computer
> vanzelf ⁞ geen probleem ⁞ aan de hand ⁞ nog een keer ⁞ alsjeblieft
> onder de knie ⁞ durfde ⁞ op je eigen manier

○ Met Peter de Vries.

● Hoi Peter, met Gert-Jan.

○ Hé Gert, hoe is ie?

● Nou prima. Sorry dat ik je zo laat nog bel, maar weet je, ik heb morgen die presentatie van mijn project, hè?

○ Oh ja, da's waar ook.

● Nou, en ik zit nu al een tijdje (1) .... maar ik heb een probleempje. Zou jij me misschien even kunnen helpen?

○ (2) ...., Gert-Jan, wat is er (3) ....?

● Nou, ik wilde net het internet opgaan maar als ik *Outlook* open, kan ik nergens een e-mailadres intoetsen. Volgens mij ben ik daar (4) .... of zo.

○ Mmm, wacht even. Heb je *Instellingen* al geopend?

● Nee, dat (5) .... ik niet.

○ Oh, maar dat is (6) .... hoor, open hem maar.

● Oké, heb ik nu.

○ Dan ga je met de cursor naar *adreslijst*.

● Ja.

○ En dat markeer je, en dat was het al.

● Inderdaad, geweldig, hij doet het! De lijst verschijnt. Dank je wel. Je hebt dit helemaal (7) ...., hè? Maar je zei dat je pas een half jaar geleden begonnen bent met computeren. Hoe heb je dat dan zo snel geleerd?

○ Nou, ik heb zo'n cursusboekje gekocht en ben gewoon (8) .... gegaan. Je moet het eigenlijk gewoon proberen en (9) .... doen. Dan gaat het eigenlijk (10) ....

● Nou, ik denk toch dat ik maar eens een cursus ga doen. Zeg, maar luister eens, als ik vanavond nou nog een probleempje krijg, mag ik je dan (11) .... bellen?

○ Dat is prima, maar niet later dan half twaalf (12) ....

● Nee, natuurlijk niet. Prima en bedankt nog. Ik ga snel weer verder.

5 Luisteren 13

Luister naar de tekst. Controleer de antwoorden van oefening 4.

6 Wat betekent ongeveer hetzelfde?

1. zelden		a. spanning
2. uiteindelijk		b. van buitenaf
3. vaag		c. expres
4. stress		d. tegengaan
5. lawaai		e. bijna nooit
6. wennen		f. ten slotte
7. opzettelijk		g. psychisch
8. extern		h. herrie
9. geestelijk		i. onduidelijk
10. bestrijden		j. gewoon gaan vinden

7 Ik zou 't wel weten!

Geef antwoord op de vragen. Gebruik de constructie *zou/zouden + infinitief*.

1. Wat zou je willen doen met welke beroemde persoon?
....
....

2. Wat zou je het liefst in je leven willen veranderen?
....
....

3. In welke film zou je graag de hoofdrol willen spelen?
....
....

4. Wat zou je nooit durven?
....
....

5. Wat zou je doen als je één dag in jouw stad burgemeester was?
....
....

6. Wat zou je doen als je € 250.000 cadeau kreeg?
....
....

89

8 Schrijven

Lees de briefjes en geef advies.

1

Beste Kees,
Ik zit met een lastig probleem. Ik heb eergisteren voor het eerst in mijn leven een computer gekocht en nu zit ik hier thuis met dit ding en hij doet het niet. Ligt het misschien aan mij of zou ie gewoon kapot kunnen zijn? Wat kan ik het beste doen, denk je?
De groeten, Jonny

2

Lieve Nicola,
Zoals je weet, leer ik al een paar maanden Nederlands. Maar als ik met Nederlanders praat in het café, snap ik er niets van. Jij spreekt bijna vloeiend Nederlands. Hoe heb jij dat geleerd? Wat kan ik eraan doen om beter te leren spreken?

Liefs, Monika

3

Hoi Frans,
Zoals je weet, ben ik overmorgen op dat feest van Ina uitgenodigd. Maar ik heb er echt geen zin in. Al die rare vrienden van haar! En haar vreselijke broer is er zeker ook weer. Je weet wel, die vent die de hele tijd alleen maar over computers kletst. Wat zou jij doen als je mij was? Ik wil er echt niet naartoe, maar wat moet ik tegen Ina zeggen?

Tot horens, **Toni**

IK HEB ER ECHT GEEN ZIN IN!

🎧 Lezen

Lees de zinnen. Lees daarna de tekst en kruis aan: zijn de zinnen waar of niet waar?

waar / niet waar

1. De vernieuwde website van Sky Radio wordt even vaak bezocht als de oude.
2. Op de website kun je precies zien welk liedje je op dat moment op Sky Radio hoort.
3. Via de website kun je ook een plaat uit de playlist bestellen.
4. Op de playlist kun je zien welke platen je die dag nog meer zult horen.
5. Heel veel mensen doen mee aan de actie waarbij je een jaar gratis leven kunt winnen.

SKY RADIO HEEFT MEEST BEZOCHTE WEBSITE

Na de introductie van de vernieuwde website van Sky Radio is het bezoekersaantal meer dan verdubbeld. Gemiddeld 10.000 surfers bezoeken dagelijks de site. Deze cijfers betekenen een nieuw record. De site was vorige week zelfs zo populair dat hij even overbelast raakte, wat echter snel opgelost werd.

De 'player' is veruit het populairst. Hier kun je zien welk nummer er op dat moment op Sky Radio gedraaid wordt. Tevens kun je stemmen. Platen kunnen op deze manier uit de playlist worden weggehaald of juist vaker worden gedraaid. Zo bepaalt de luisteraar zelf wat er op het commerciële station gedraaid wordt.

Ook is het mogelijk om direct de CD van je favoriete artiest te bestellen.

De playlist van Sky Radio kun je raadplegen om te zien welke muziek er die dag nog langs komt. De overige vaste onderdelen, zoals de diverse prijsvragen, het muzieknieuws en de chatpagina's, maken het succes van de site groter. De actie waarbij de luisteraars en de surfers kans maken op een jaar gratis leven, scoort erg hoog. Uit een maandelijkse internetonderzoek bleek onlangs dat 'skyradio.nl' van alle radiostations de best bezochte site is.

10   Luisteren   14

U gaat luisteren naar een interview met de heer van Gorp.

a) Lees de zinnen. Luister daarna naar de tekst en kruis aan: zijn de zinnen waar of niet waar?

waar / niet waar

1. De heer van Gorp is specialist in Recht op het internet.
2. De heer van Gorp ziet voordelen en nadelen van het internet.
3. Alleen de overheid doet iets aan wetgeving voor het internet.
4. Binnenkort is er een goede wetgeving voor het internet.

b) Lees de vragen. Luister nog een keer naar tekst en geef antwoord op vragen.

1. Wat is volgens de heer van Gorp een groot voordeel van het internet?
....

2. Wat is volgens de heer van Gorp een groot nadeel van het internet?
....

3. De heer van Gorp geeft als voorbeeld fraude met creditcards. Waarvan is fraude met creditcards een voorbeeld?
....

4. Wat is het grote probleem bij het maken van wetten voor het internet?
....

11 Kies de juiste reactie.

Soms zijn er meer antwoorden mogelijk.

1. Ik heb Martin al drie keer gebeld maar hij blijft in gesprek. Wil jij nog eens proberen?
   a) Dat zou ik niet doen.
   b) Ik zou het niet proberen.
   c) Ik zou het graag proberen, maar ik moet nu weg.

2. Heb je misschien even tijd? Ik zit met een computerprobleem.
   a) Met alle plezier!
   b) Dat moet je zelf weten.
   c) Ik heb helaas geen tijd nu.

3. Mag ik u wat vragen? Ik moet naar het busstation. Hebt u enig idee waar dat is?
   a) Ik zou het moeten weten … even nadenken.
   b) Geen idee!
   c) Dat zou ik niet doen, als ik jou was.

4. Zou jij Marlies misschien even willen helpen?
   a) Geen idee.
   b) Dat zou ik niet weten.
   c) Kun je dat niet beter zelf doen?

5. Ik durf het bijna niet te vragen, maar… zou jij mijn computer willen installeren?
   a) Ik peins er niet over!
   b) Zet hem op!
   c) Natuurlijk. Geen probleem.

6. Annick moet van het station worden afgehaald, maar ik kan niet, en jij ook niet. Hoe lossen we dat op?
   a) We hadden het nooit moeten beloven!
   b) We zouden haar even kunnen bellen.
   c) Als ik jou was, zou ik haar afhalen.

7. Denk je dat ik een mobieltje moet kopen, nu ik zoveel in de auto zit?
   a) Dat zou ik wel doen, ja.
   b) Denk je dat echt?
   c) Ik peins er niet over!

8. Zou jij Bill Gates willen zijn?
   a) Nee. Ik denk dat ik gek zou worden.
   b) Nee. Daar hou ik helemaal niet van!
   c) Dat moet je aan Hence vragen.

Les 7

9. Had je liever werk dichtbij huis gewild?
   a) Wat zou jij doen?
   b) Dat zou ik best hebben gewild.
   c) Dat had ik graag gewild.

10. Zou ik het kunnen, denk je, de marathon lopen?
    a) Ik zou dat wel kunnen, ja.
    b) Ja joh, zet hem op!
    c) Je zou het kunnen proberen.

12 Maak zinnen.

1. groeien – de markt voor computerspelletjes – de laatste jaren – zijn – explosief.
....

2. mensen – RSI – werken – vooral – achter de computer – bij – voorkomen – die – veel.
....

3. via het internet – hebben – een vriendin van mij – leren – haar vriend – kennen.
....

4. rust – mijn buurvrouw – op doktersadvies – moeten – een paar maanden – nemen.
....

5. met je mobiele telefoon – tegenwoordig – kunnen – je – internetten – ook.
....

13 Wat zegt u?

1. U bent op het station in uw woonplaats. Een man vraagt u waar hij een taxi kan vinden; hij moet naar het centrum. Adviseer de man om met de bus te gaan. Geef ook een reden waarom hij beter de bus dan een taxi kan nemen.

....
....

2. Een collega vertelt u dat ze ontzettende ruzie heeft gemaakt met een andere collega. Ze heeft daar nu spijt van. Welk advies geeft u haar?

....
....

3. Uw vriend zit elke avond voor de televisie. Hij klaagt er vaak over dat hij zo weinig tijd heeft. Welk advies geeft u uw vriend? Geef ook een reden.

....
....

4. Op uw werk kunt u elke dag broodjes bestellen voor de lunch. U moet daarvoor een bestelformulier invullen, maar u begrijpt niet hoe dat precies moet. Wat vraagt u aan uw collega?

....
....

5. Een collega van u moet voor het werk naar de hoofdstad van uw geboorteland. Hij vraagt of er bezienswaardigheden zijn in die stad. Vertel hem welke bezienswaardigheden hij het beste kan gaan bekijken.

....
....

Les 7

PRIJSLIJST

	1/2 BAQUETTE	PISTOLET/CROISSANT
EI	2.16	1.59
KAAS (jonge, komijne, oud)	2.16	1.59
HAM	2.16	1.59
HAM-KAAS	2.38	1.70
SALAMI	2.16	1.59
SALAMI-KAAS	2.38	1.70
GEZOND	2.72	2.04
BRIE	2.72	2.27
PATE	2.72	2.27
FILET AMERICAIN	2.72	2.27
OSSENWORST	2.72	2.27
EIERSALADE	2.50	2.16
ZALMSALADE	2.84	2.38
KRABSALADE	3.06	2.70
KIPKERRIESALADE	2.84	2.38
WARM:		
KAASBROODJE	1.34	
SAUCIJZENBROODJE	1.13	
WORSTENBROODJE	2.04	
UIENBROODJE	2.04	

GEVULDE KOEK	0.88
CHOCOLADEBROODJE	1.02
KOFFIEBROODJE	1.02
FRANSE APPELFLAP	1.02
CROISSANT	0.68
KAAS-CROISSANT	0.91
HAM/KAAS-CROISSANT	1.25
EXTRA BELEG	0.23
EXTRA RAUWKOST	0.23

14 Maak zinnen.

Gebruik de verba tussen haakjes.

1. De AVRO – vanavond – een interessante documentaire – . (uitzenden)

....

2. De populariteit van internet – dat mensen veel behoefte hebben aan informatie – . (aantonen)

....

3. Ik wil een back up maken van mijn bestanden. Hoe – ik – dat – ? (aanpakken)

....

4. Als je al je mailtjes bewaart, – er – te weinig ruimte op de harde schijf – . (overblijven)

....

5. Dit medicijn helpt tegen de pijn bij RSI maar – het – de oorzaak – niet – . (wegnemen)

....

15 Kies de juiste prepositie.

1. samenwerken	over	met	door
2. bang zijn	in	op	voor
3. last hebben	van	voor	met
4. op de hoogte houden	voor	in	van
5. overlaten	aan	met	in
6. verliefd zijn	met	op	in
7. zich voorbereiden	aan	in	op

16 Vul de combinaties van oefening 15 in.

1. Tim en Debora hebben elkaar via internet leren kennen. Nu .... ze .... elkaar.

2. Ik heb de laatste tijd erg veel achter de computer gewerkt. Daardoor .... ik nu .... mijn nek.

3. Natascha wil liever geen bestanden per e-mail ontvangen omdat ze .... computervirussen.

4. Voor deze documentaire heeft de NOS nauw .... de Stichting Natuurmonumenten.

5. Om .... te .... het computerexamen, heeft Marzie een cd-rom gekocht om mee te oefenen.

6. Ik probeer mijn televisie maar niet zelf te repareren. Dat .... ik liever .... een deskundige.

7. Mijn broer in Australië wil graag .... worden .... het nieuws in Nederland. Daarom stuur ik hem af en toe een krant toe.

De zorgzame samenleving?

Uitleg

1 Verbindingswoorden: conjuncties en adverbia

Verbindingswoorden maken een verband of relatie duidelijk tussen twee zinnen of zinsdelen.

➔ Vul in: *daardoor* ⋮ *want* ⋮ *doordat*

De gezinsstructuren veranderen. Vrouwen werken steeds vaker buitenshuis.

1. .... vrouwen steeds vaker buitenshuis werken, veranderen de gezinsstructuren.

2. De gezinsstructuren veranderen .... vrouwen werken steeds vaker buitenshuis.

3. Vrouwen werken steeds vaker buitenshuis. .... veranderen de gezinsstructuren.

4. De gezinsstructuren veranderen .... vrouwen steeds vaker buitenshuis werken.

5. Vrouwen werken steeds vaker buitenshuis; .... veranderen de gezinsstructuren.

We onderscheiden twee groepen verbindingswoorden: *conjuncties* (coördinerend en subordinerend) en *verbindende adverbia*. Conjuncties leggen de relatie binnen één zin. Bij verbindende adverbia blijven de twee zinnen meestal apart staan.

➔ Zet de zinnen in het schema. Let op de interpunctie.

coördinerende conjunctie:		
hoofdzin 1	conjunctie	hoofdzin 2

subordinerende conjunctie:		
hoofdzin	conjunctie	bijzin
conjunctie	bijzin,	hoofdzin met inversie

verbindend adverbium:		
hoofdzin./;	adverbium	hoofdzin met inversie

Les 8

97

1.1 Coördinerende conjuncties

Een coördinerende conjunctie verbindt twee gelijke delen (bijvoorbeeld twee hoofdzinnen) met elkaar. Veelgebruikte coördinerende conjuncties zijn: *en, of, maar, want*.
De volgende conjuncties zijn ook coördinerend:

- **zowel ... als**

– betekent: en ... en ...
– verbindt alleen woorden, geen zinnen met elkaar.

> *Zowel* mannen *als* vrouwen moeten voor de kinderen zorgen.
> De kosten voor *zowel* een kinderdagverblijf *als* voor een crèche zijn afhankelijk van het inkomen van de ouders.

- **noch ... noch**

– betekent: niet ... en ook niet
– ontkent twee of meer zaken in één zin.

> Er is *noch* in het kinderdagverblijf *noch* in de crèche plaats voor onze kinderen.
> *Noch* Joost *noch* Henk is het eens met de campagne van Sire.

- **hetzij ... hetzij**

– betekent: of ... of ...
– is nogal formeel

> Dit formulier moet worden ondertekend, *hetzij* door de vader *hetzij* door de moeder van het kind.
> Steeds meer vrouwen werken, *hetzij* parttime *hetzij* fulltime.

1.2 Subordinerende conjuncties

Een subordinerende conjunctie introduceert een bijzin. Enkele subordinerende conjuncties zijn:

- **als**

– betekent:
a) op het moment dat; in de tijd dat

> Veel vrouwen gaan weer werken *als* de kinderen wat ouder zijn.
> *Als* ik terugkom van mijn werk, haal ik mijn zoon op van school.

b) in het geval dat

> Petra neemt de auto mee naar haar werk *als* Jan thuis werkt.
> *Als* Guusje morgen nog ziek is, bel ik de dokter.

c) alleen dan (geeft een voorwaarde aan)

> *Als* u nu lid wordt, krijgt u 10% korting.
> *Als* uw inkomen te laag is, komt u in aanmerking voor subsidie.

Let op! in formeel taalgebruik wordt hier in plaats van *als* vaak *indien* gebruikt.

- **mits**
  - betekent: op voorwaarde dat, alleen als
  - staat nooit aan het begin van een zin

  > U kunt dit boek ruilen *mits* u de bon nog hebt.
  > De cursus gaat door *mits* er voldoende inschrijvingen zijn.

- **tenzij**
  - betekent: behalve als, maar niet als
  - staat nooit aan het begin van een zin

  > U krijgt subsidie *tenzij* uw inkomen te hoog is.
  > We gaan vrijdagavond naar de film *tenzij* we geen oppas kunnen krijgen.

- **toen**
  - betekent: op het moment dat
  - wordt altijd gecombineerd met een verleden tijd:
    a) + imperfectum: een eenmalige handeling, een moment in het verleden of een beschrijving van een periode in het verleden

  > *Toen* mijn vader een andere baan kreeg, verhuisden we naar Almere.
  > *Toen* de kinderen nog klein waren, werkte ik parttime.

    b) + plusquamperfectum: een handeling in de hoofdzin volgt op een handeling in de bijzin

  > *Toen* Cees zijn dochter naar school had gebracht, ging hij naar zijn werk
  > *Toen* haar man was overleden, ging Jo naar een bejaardentehuis.

Let op! in plaats van *toen* kun je hier ook *nadat* gebruiken.

- **terwijl**
  - betekent:
    a) en tegelijkertijd, en op hetzelfde moment

  > Willem brengt zijn zoontje naar bed *terwijl* Sigi de afwas doet.
  > *Terwijl* jij met je ouders praat, zal ik eten koken.

    b) hoewel (tegenstelling)

  > Hij heeft altijd financiële problemen, *terwijl* hij toch een goede baan heeft.
  > Joost doet tegenwoordig veel in huis, *terwijl* hij vroeger helemaal niets aan het huishouden deed.

- **zodat**
  - duidt een logisch gevolg aan
  - kan niet aan het begin van een zin staan

  > Hellen gaat een dag minder werken *zodat* ze wat meer vrije tijd heeft.
  > Ik heb de oppas gevraagd voor vrijdagavond *zodat* wij naar dat feest kunnen.

- **zo ... dat**

  – wordt altijd gecombineerd met een <u>adjectief</u>

  > De vraag naar kinderopvang is *zo* <u>groot</u>, *dat* er wachtlijsten zijn ontstaan.
  > De wachtlijsten zijn *zo* <u>lang</u>, *dat* het soms een half jaar duurt voordat je aan de beurt bent.

- **hoe ... hoe**

  – wordt altijd gecombineerd met een <u>comparatief</u>
  – verbindt woorden of zinnen

  > *Hoe* <u>meer</u> tijd je met kinderen besteedt, *hoe* <u>beter</u> de band met ze wordt.
  > De band met de kinderen wordt *hoe* <u>langer</u> *hoe* <u>beter</u>.

1.3 Verbindingswoorden van tijd: *voordat/daarvoor* en *nadat/daarna*

- **voordat/daarvoor**

  – betekent: de handeling in de ene zin vindt plaats vóór de handeling in de andere zin.

- **nadat/daarna**

  – betekent: de handeling in de ene zin vindt plaats ná de handeling in de andere zin.

subordinerende conjunctie	verbindend adverbium
Hij brengt de kinderen naar school (om 8.30 uur) *voordat* hij naar zijn werk gaat (om 8.45 uur).	Hij gaat naar zijn werk (om 8.45 uur). *Daarvoor* brengt hij de kinderen naar school (om 8.30 uur).
Ik heb een baan gevonden (in december) *nadat* ik die cursus had gedaan (in juli).	Ik heb die cursus gedaan (in juli); *daarna* heb ik een baan gevonden (in december).

Er is geen verschil in betekenis tussen de subordinerende conjunctie en het verbindend adverbium. Alleen de constructie is anders.

2 De plaats van *er* in de zin

Het adverbium *er* kan worden gebruikt

– als plaatsaanduiding

> Ken je Utrecht? Zeker, ik heb *er* vijf jaar gewoond.

– in combinatie met een prepositie

> Ik pak een kopje koffie voor je. Wat wil je *er*in, suiker?

– in combinatie met een numerale

> Heb jij nog sigaretten? Ja, ik heb *er* nog twee.

Er heeft dan een *verwijzende* functie.

Het adverbium *er* kan ook worden gebruikt

– als voorlopig subject

> *Er* is iemand voor je aan de telefoon.

– in passieve zinnen zonder subject

> *Er* werd gedanst en gezongen op het feest.

Er heeft dan een *grammaticale* functie.

2.1 De plaats van het verwijzende *er* in de zin

- in hoofdzinnen

subject	verbum finitum		rest	
			↗ er	
Ik	heb		er	vijf jaar gewoond.
Ik	heb		er	nog twee.

(...)	verbum finitum	subject	rest	
			↗ er	
Wat	wil	je	erin?	
	Zou	je	er	willen wonen?
Sinds kort	woont	Julia	er	ook.

subject	verbum finitum	(reflexief) pronomen	rest	
			↗ er	
Ik	bemoei	me	er	liever niet mee.
Karel	heeft	hem	er	drie gegeven.
Zij	heeft	mij	er	nog niet over gebeld.

- in bijzinnen

hoofdzin	conjunctie	subject	rest	
			↗ er	
Ik vroeg	of	je	er	zou willen wonen.
Hij vertelde	dat	Julia	er	sinds kort ook woont.
Ik wist het niet	omdat	zij	er	niets over had verteld.

hoofdzin	conjunctie	subject	(reflexief) pronomen	rest	
				↗ er	
Ik ga weg	omdat	ik	me	er	liever niet mee bemoei.
Ze wist niet	dat	Karel	hem	er	drie had gegeven.
Ik wacht af	totdat	zij	me	erover belt.	

2.2 De plaats van het grammaticale *er* in de zin

- in hoofdzinnen

	verbum finitum	(indefiniet subject)	rest
↗ Er			
Er	heeft	iemand	voor je gebeld.
Er	werd		vroeger meer gerookt dan tegenwoordig.

(...)	verbum finitum	(indefiniet subject)	rest
	↗ er		
Gisteren	heeft	er iemand	voor je gebeld.
Vroeger	werd	er	meer gerookt dan tegenwoordig.

- in bijzinnen

hoofdzin	conjunctie	(indefiniet subject)	rest
	↗ er		
Ik weet niet	of	er iemand	voor je heeft gebeld.
Ik geloof niet	dat	er	vroeger meer werd gerookt.

102

Oefeningen

1 Maak zinnen.

Combineer de zinnen tot één logische zin. Gebruik de verbindingswoorden die erboven staan.

omdat
Ik kan vandaag niet naar de cursus.
Mijn zoontje is ziek.

Ik kan vandaag niet naar de cursus omdat mijn zoontje ziek is.

zodat
De mogelijkheden voor kinderopvang worden steeds beter.
Steeds meer vrouwen kunnen gaan werken.

1. ....

noch ... noch
De oppas kan vanavond niet op de kinderen passen.
Jouw moeder kan vanavond ook niet op de kinderen passen.

2. ....

tenzij
Jan zorgt meestal voor het eten.
Hij is pas laat klaar met zijn werk.

3. ....

zo ... dat
We waren gisteravond laat thuis.
De oppas was op de bank in slaap gevallen.

4. ....

mits
U kunt gebruik maken van de buitenschoolse opvang.
Uw zoon is jonger dan 13 jaar.

5. ....

terwijl
In Denemarken gaat 48% van de kinderen naar een crèche.
In Spanje is dat maar 2%.

6. ....

toen
Mijn dochtertje had koorts.
Ze mocht niet naar het kinderdagverblijf.

7. ....

Les 8

2 Vul in.

> zowel ... als ▪ als ▪ hetzij ... hetzij ▪ hoe ... hoe ▪ voordat
> nadat ▪ daarvoor ▪ daarna

1. .... ik naar huis ga, haal ik altijd eerst de kinderen op van school.
2. U moet voor 1 maart reageren, ... telefonisch .... schriftelijk.
3. In 1985 werkte slechts 30% van de vrouwen. .... is het aantal werkende vrouwen behoorlijk toegenomen.
4. .... in Duitsland .... in Spanje gaat maar 2% van alle kinderen naar de crèche.
5. Sinds de geboorte van onze zoon werkt Jaap parttime; .... werkte hij fulltime.
6. .... je meer tijd met je kinderen besteedt, krijg je een betere band met ze.
7. .... jonger de kinderen zijn, ... minder tijd je voor jezelf overhoudt.
8. Mijn oma verhuisde naar een bejaardentehuis .... mijn opa was overleden.

3 Vergelijk de zinnen.

1. Noch Johan noch Myra heeft tijd om boodschappen te doen.
2. Zowel Johan als Myra heeft tijd om boodschappen te doen.
3. Hetzij Johan hetzij Myra heeft tijd om boodschappen te doen.
4. Ik kom naar je feestje mits Harm komt.
5. Ik kom naar je feestje tenzij Harm komt.

a) Wat is het verschil in betekenis tussen zin 1, 2 en 3?
   ....
   ....
   ....

b) Wat is het verschil in betekenis tussen zin 4 en 5?
   ....
   ....
   ....

c) Herschrijf de zinnen. Zorg dat de betekenis hetzelfde blijft.
   1. ....
   2. ....
   3. ....
   4. ....
   5. ....

4 Maak de zin af.

1. Voordat ik naar mijn werk ga, ...

2. Henk en Marieke hadden een oppas geregeld zodat ....
....

3. Toen ik voor het eerst in Nederland kwam, ...
....

4. Saskia had het zo druk dat ....

5. .... Daarom is ze parttime gaan werken.

6. Ik zal je vanavond komen helpen tenzij ....
....

7. .... mits het morgen mooi weer is.

8. Hoe langer ik erover nadenk, hoe ....
....

5 Er

Maak de zinnen korter. Vervang het cursieve deel door *er*.

Kees heeft me gisteren verteld over zijn reis naar Afrika.
Hij praat voortdurend over *zijn reis naar Afrika*.

Hij praat er voortdurend over.

1. ⊙ Interesseer je je voor politiek?
   ● Nee, ik houd me niet zo met *politiek* bezig.
   ....

2. ⊙ Heb jij dat boek over Nederland al gevonden?
   ● Nee, ik heb in de bibliotheek naar *dat boek over Nederland* gezocht
   .... maar ik kon het niet vinden.

3. ⊙ Onze vakantie gaat niet door.
   ● Oh, wat jammer!
   ⊙ Ja, dat is zeker jammer. Ik had me erg op *onze vakantie* verheugd.
   ....

4. ⊙ Heb jij het nieuwe huis van Karin en Jeroen al gezien?
   ● Nou, ik ga morgen kijken. Ik ben erg benieuwd naar *het nieuwe huis van Karin en Jeroen*.
   ....

5. ⊙ Is het plan al goedgekeurd?
   ● Nee, ik denk dat ze pas volgende week over *het plan* zullen vergaderen.
   ....

Les 8

105

6 Er

Zin 1 - 7 zijn niet correct. Herschrijf de zinnen. Vul *er* op de juiste plaats in.

⊙ Goedemorgen. Kunt u mij wat meer vertellen over de cursus Spaans?
● Ja hoor. (1) Zijn verschillende mogelijkheden. (2) Is een cursus voor beginners en is een cursus voor gevorderden. (3) Wordt in beide cursussen veel aandacht besteed aan spreekvaardigheid.
⊙ Wanneer beginnen de cursussen?
● In september, (4) maar moeten minstens twintig aanmeldingen zijn.
⊙ Hoe weet ik dan of de cursus doorgaat of niet?
● Nou, (5) u krijgt in augustus een brief over.
⊙ En waar vinden de cursussen plaats?
● In het verenigingsgebouw aan de Nieuwegracht.
⊙ Is dat met het openbaar vervoer bereikbaar?
● Ja, hoor. (6) Stopt ieder half uur een bus. De halte is voor de deur.
⊙ Kunt u mij een inschrijfformulier meegeven?
● Ja, hoor. (7) En dan doe ik meteen een informatieboekje bij.
⊙ Dank u wel. Tot ziens.

1. ....
2. ....
3. ....
4. ....
5. ....
6. ....
7. ....

7 Vul in.

Verander eventueel de vorm.

aan de slag gaan ▪ oorzaak ▪ fors ▪ deeltijd ▪ kinderopvang
wachtlijst ▪ oplopen ▪ gastouder

1. In sommige grote winkels is er .... zodat ouders rustig kunnen winkelen.

2. Naomi wil in .... gaan werken zodat ze meer tijd heeft voor de kinderen.

3. Weet jij wat de .... is van de lange wachtlijsten voor kinderopvang?

4. Vandaag is de laatste dag van mijn vakantie. Maandag .... ik weer ....

5. Door een tekort aan geld en personeel ontstaat er in veel ziekenhuizen een .... voor operaties.

6. Het wordt morgen mooi weer. De temperatuur kan .... tot zo'n 25 graden Celsius.

7. Het aantal moeders dat werkt is de laatste vijftien jaar .... toegenomen: wel 20 procent!

8. Monica is .... Ze past op de kinderen van drie vriendinnen die overdag werken.

8 Vul in.

Verander eventueel de vorm.

au-pair ▪ voornamelijk ▪ integendeel ▪ kinderdagverblijf ▪ naderhand
buitenschoolse opvang ▪ professioneel ▪ flexibel

1. Na schooltijd gaan de kinderen naar de .... Hun vader haalt ze daar om half zeven op.

2. Tussen de middag passen de 'overblijfmoeders' op de overblijfkinderen. Ze hebben daar een training voor gehad en zijn dus .... begeleiders.

3. Als je kinderen hebt, ben je minder .... ; je kunt bijvoorbeeld niet zomaar uitgaan wanneer je dat wilt.

4. Voordat Petra gaat werken, brengt ze haar kinderen naar het .... Daar blijven ze de hele dag.

5. Angela gaat een jaar als .... werken bij een gezin in Londen.

6. Het zijn .... de hoger opgeleide vrouwen die blijven werken als ze kinderen hebben; lager opgeleide vrouwen doen dit minder.

7. Ik heb gisteravond een hele tijd met Peter gepraat. .... hoorde ik dat zijn moeder net was overleden. Daar had hij me niets over verteld.

8. ◉ Was jouw vader ook nooit thuis toen jij jong was?

   ● Oh nee, ... Hij was elke avond thuis en speelde veel met ons.

107

9 Kies het juiste woord.

Gehandicapt aan het werk

Veel mensen met gezondheidsproblemen hebben niettemin een baan. Door gerichte scholing zouden het er nog meer kunnen zijn.

5 Deze zomer hebben meer **als/dan** 924 duizend Nederlanders een arbeidsongeschiktheidsuitkering. Sommigen van hen zijn niet volledig afgekeurd; zeker 180 duizend "WAO'ers" hebben een
10 baan. Veel meer Nederlanders hebben naar eigen zeggen een chronische aandoening. Dat zijn er 3,7 miljoen, **van wie/van die** 2,5 miljoen mensen de leeftijd hebben **op wie/waarop** ze tot de "potentiële beroepsbevolking" worden gerekend: tussen de 15 en de 65 jaar. Dan zijn er nog mensen met een lichamelijke beperking **die/dat** verder niet ziek zijn – ze missen
15 bijvoorbeeld een lichaamsdeel, kunnen slecht zien of horen. En tot slot zijn er ook nog 2,5 miljoen mensen in de potentiële beroepsbevolking **die/dat** (weleens) last hebben van psychische stoornissen. Vooral angststoornissen en depressies komen veel voor. **Hoe/Wie** al die cijfers, vermeld in de Rapportage gehandicapten 2000 van het Sociaal en Cultureel Planbureau (SCP), overziet, krijgt wel een heel somber beeld van de gezondheidssituatie van de Nederlandse potentiële
20 beroepsbevolking. Tegelijkertijd kan worden vastgesteld dat een groot deel van de mensen met gezondheidsproblemen geen arbeidsongeschiktheidsuitkering heeft. Velen zijn ondanks aandoening of handicap gewoon **aan/bij** het werk.

Het SCP-rapport concentreert zich op de arbeidsmarktpositie van mensen met beperkingen en chronisch zieken. Het stelt vast dat maar 46 procent van de chronisch zieken werkt, en maar 24
25 procent van de mensen met matige of ernstige lichamelijke beperkingen. Bovendien zijn mensen met gezondheidsproblemen nogal eens laag opgeleid, wat ook **hen/hun** arbeidsmarktkansen verkleint.

Uit dat laatste concluderen de SCP-rapporteurs dat verhoging van het opleidingsniveau de kansen op werk van mensen met gezondheidsproblemen verhoogt. Toch wordt van scholing "maar mondjesmaat gebruikt gemaakt", schrijft hoofdauteur Mirjam de Klerk. In de jaren 1995-1997 paste 4 procent van
30 de bedrijven scholing **toe/bij** als reïntegratiemiddel voor mensen met gezondheidsproblemen; dat betrof slechts 1 procent van de werknemers. Naast meer aandacht voor scholing zou er volgens **haar/hem** meer aandacht moeten zijn voor de specifieke problemen van vrouwen met gezondheidsklachten.

Moeten werkgevers chronisch zieken vrezen? Dat valt mee. Van de werknemers zonder chronische
35 ziekte meldde zich in een jaar 40 procent weleens ziek; van de werknemers met een chronische aandoening 56 procent. "Lang niet iedere ziekte leidt dus **tot/na** ziekteverzuim," schrijft De Klerk.

Paul de Hen

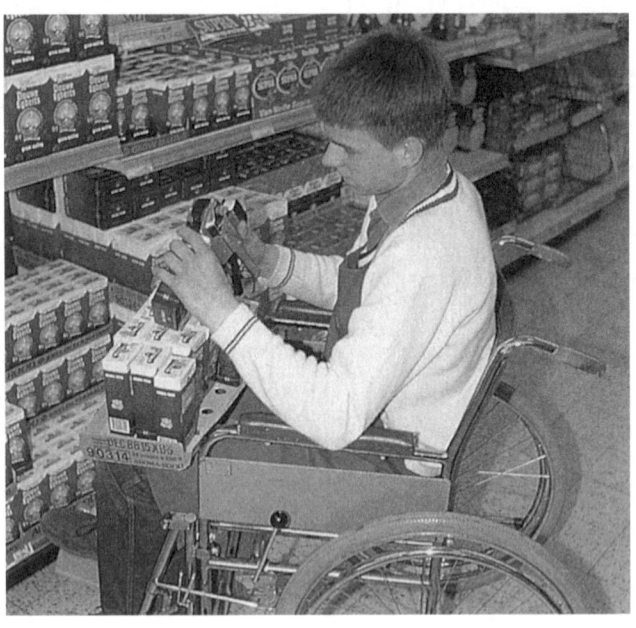

Veel chronisch zieken of gehandicapten hebben graag een baan

Uit: *Elsevier*

10 Luisteren 15

U gaat luisteren naar een interview. Het gesprek gaat over een onderzoek onder lezeressen van het tijdschrift Marie Claire.

Lees de zinnen. Luister daarna naar de tekst en kruis aan: zijn de zinnen waar of niet waar?

waar / niet waar

1. De meeste lezeressen van Marie Claire zijn hoger opgeleid.
2. De lezeressen vinden nog steeds dat mannen niet kunnen luisteren.
3. Vooral oudere vrouwen vinden dat mannen opener en zorgzamer zijn geworden.
4. Het is niet duidelijk of jongere mannen werkelijk beter kunnen luisteren dan oudere mannen.

11 Wat vindt u?

In Nederland wonen veel oude mensen in een bejaardentehuis. Ze wonen daar óf zelfstandig óf ze worden daar verzorgd. Sommige mensen vinden dat het beter is als de kinderen voor hun ouders zouden zorgen. Wat is uw mening?

Schrijf een korte tekst met daarin uw mening: moeten de kinderen voor hun ouders zorgen als ze oud zijn? Maak eerst een schrijfplan (zie pagina 77 in het tekstboek).

12 Lezen

Lees de zinnen. Lees daarna de tekst en kruis aan: zijn de zinnen waar of niet waar?

Weet je nog hoe je vader meeliep naar school toen je werd gepest (tien passen achter je)?

Waarschijnlijk weet je niet meer dat je vader je naar school bracht. Of dat hij eindeloos de tijd voor je had. Waarschijnlijk was het helemaal niet zo. Waarschijnlijk was je vader aan het werk.

In materieel opzicht ben je niks tekort gekomen. Je had een goeie vader. Die zorgde voor de kost. Maar wat kan je je nog herinneren van je speelgoed, je eten en je schoolboeken? En wat zou je je willen kunnen herinneren?

Kinderen geven niet om geld. Kinderen geven om aandacht. Kinderen vinden het fijn als er voor ze gezorgd wordt. De maatschappij is veranderd. Je hoeft niet meer zo hard te werken als vroeger. Je kunt nu de vader zijn die je zelf had willen hebben. Je hoeft zelfs niet meer in je eentje al het geld te verdienen. Je kunt het samen doen met je vrouw (52% van de vrouwen werkt inmiddels).

Je zou iets minder kunnen gaan werken en iets meer thuis kunnen zijn. Als je wilt. De maatschappij is er klaar voor.

Mannen zijn thuis net zo onmisbaar als op het werk. **SIRE**

waar / niet waar

1. Vroeger hadden de meeste vaders eindeloos de tijd voor hun kinderen.
2. Voor kinderen is aandacht belangrijker dan geld.
3. Een man kan tegenwoordig de vader zijn die hij vroeger wilde hebben.
4. Nu de maatschappij is veranderd, hoeft een vader niet meer in zijn eentje voor de familie te zorgen.
5. Volgens de tekst werkt inmiddels de meerderheid van de vrouwen in Nederland.

13 Maak zinnen.

1. Als ik een lange tekst moet bestuderen, – ik – altijd – de belangrijkste delen – met potlood – . (aanstrepen)

　...

2. Steeds meer mensen willen gebruik maken van kinderopvang. Daardoor – de wachttijd – enorm – . (oplopen)

　...

3. Petra – elk onbekend woord – in het woordenboek – maar volgens mij is dat niet nodig – . (opzoeken)

　...

4. Jan gaat een dag minder werken zodat – hij – meer tijd – voor de kinderen – . (overhouden)

　...

5. Willem – erg – maar het tempo van deze cursus ligt te hoog voor hem. (zich inspannen)

　...

14 Kies de juiste prepositie.

1. verantwoordelijk zijn	van	voor	met
2. zich bemoeien	met	tegen	aan
3. zorgen	over	van	voor
4. leiden	in	tot	met
5. afhankelijk zijn	door	voor	van
6. bestaan	aan	uit	op
7. combineren	met	in	uit
8. een hekel hebben	in	aan	voor
9. zich zorgen maken	voor	van	over
10. lid zijn	met	van	uit
11. gebruik maken	over	uit	van

15 Vul de combinaties van oefening 14 in.

Let op: in een van de zinnen moet u twee combinaties van oefening 14 invullen.

1. Hoe .... jij je baan .... de zorg voor je kinderen?
2. We houden allebei erg van de natuur. Daarom .... we .... de Stichting Natuurmonumenten.
3. Ik .... ontzettende .... asociale automobilisten!

112

4. De kosten van een kinderdagverblijf .... het inkomen van de ouders.
5. Ik heb een hekel aan mijn schoonmoeder omdat ze .... altijd .... de opvoeding van onze kinderen.
6. In een traditioneel gezin .... de man .... het geld en .... de vrouw .... de kinderen.
7. Ik .... mijn gezondheid. Ik denk dat ik maandag maar eens naar de dokter ga.
8. Ik denk dat agressie op tv .... agressie op straat.
9. Voor dit onderzoek .... we .... gegevens van het Centraal Bureau voor de Statistiek.
10. Een schrijfplan .... een aantal vragen die je in de tekst beantwoordt.

Jong geleerd, oud gedaan

Uitleg

1 Verbindingswoorden van contrast: *hoewel – terwijl – (ook) al – toch*

- **Hoewel**
- – is een subordinerende conjunctie; introduceert een bijzin;
- – wordt vaak gecombineerd met *toch* in de hoofdzin.

   Ik ben naar school gegaan, *hoewel* ik me niet zo lekker voelde.
   Hoewel ik me niet zo lekker voelde, ben ik *toch* naar school gegaan.

Let op! Vooral in schrijftaal wordt vaak *ofschoon* of *alhoewel* gebruikt in plaats van *hoewel*.

- **Terwijl**
- – is een subordinerende conjunctie; introduceert een bijzin.

   Simon vindt studeren nu leuk, *terwijl* hij vroeger helemaal niet graag naar school ging.
   Iedereen heeft het tentamen gehaald, *terwijl* het helemaal niet zo makkelijk was.

- **(Ook) al**
- – betekent: hoewel;
- – introduceert een hoofdzin met inversie;
- – wordt vaak gecombineerd met *toch*.

   Ik ga studeren, *(ook) al* heb ik geen zin.
   (Ook) al heb ik geen zin, ik ga toch studeren.

Let op! Wanneer de zin begint met het zinsdeel met *(ook) al*, krijgt de tweede zin geen inversie.

- **Toch**
- – is een verbindend adverbium;
- – staat meestal aan het begin van een hoofdzin met inversie;
- – wordt vaak gecombineerd met *maar*.

   Ik voelde me niet lekker. *Toch* ben ik naar school gegaan.
   Ik voel me niet lekker *maar toch* ga ik naar school.

2 Zelfstandig gebruik van de pluralis

Onnodige herhalingen kun je voorkomen door een substantief weg te laten. Dat gebeurt vaak bij adjectieven, onbepaalde telwoorden en bij het woord *ander*. Er komt <u>geen</u> ander woord (geen *er*) in de plaats van het substantief. Het adjectief, het onbepaald telwoord of *ander* worden dan zelfstandig gebruikt.

> Op de School van de Toekomst werken oudere en jongere *leerlingen* samen. De *ouderen* helpen de *jongeren*.
> Ik heb een advertentie gezien van twee *opleidingen*. *Beide* zijn op hbo-niveau.
> Er is een verschil in niveau tussen de *cursisten*. *Sommigen* spreken al wat Nederlands, *anderen* helemaal niet.

Als het weggelaten substantief meerdere **personen** aanduidt, krijgt het adjectief, het onbepaalde telwoord en *ander* de uitgang *–en*.

> Tijdens het schoolreisje zijn drie *kinderen* ziek geworden. De **zieken** zijn meteen naar huis gebracht.

Duidt het weggelaten substantief meerdere **zaken** aan, dan krijgt het adjectief, het onbepaalde telwoord en *ander* de uitgang *–e*.

> Voor het tentamen moeten we zeven *hoofdstukken* bestuderen. De **meeste** zijn niet zo moeilijk.

Les 9

Oefeningen

1. Maak zinnen.

Gebruik de informatie tussen haakjes en het verbindingswoord.

Hoewel (weinig geld hebben), (toch op vakantie gaan)

Hoewel ik weinig geld heb, ga ik toch op vakantie.

1. (naar school gaan), **ook al** (ziek zijn)

2. (meegaan naar concert), **terwijl** (niet van jazz houden)

3. (ver van elkaar wonen). **Toch** (elkaar vaak zien)

4. **Hoewel** (examen moeilijk zijn), (veel mensen slagen)

5. **Ook al** (alle diploma's hebben), (toch geen baan kunnen vinden)

6. (mooi weer zijn in Nederland). **Toch** (veel mensen op vakantie gaan naar het buitenland)

7. (gisteren de hele avond voetbal kijken), **terwijl** (er eigenlijk helemaal niet van houden)

8. **Hoewel** (een goed salaris en veel vakantie hebben), (niet meer in het onderwijs willen werken)

2 Maak de zinnen af.

1. Hoewel ik weinig tijd heb,
   ....

2. Zij gaat volgend jaar in Groningen studeren tenzij
   ....

3. Ik maak mijn huiswerk voor maandag alvast vandaag zodat
   ....

4. Nadat ik mijn examen heb gehaald,
   ....

5. Als het morgen mooi weer is,
   ....

6. Hij heeft zijn examen niet gehaald; daardoor
   ....

7. Pieter gaat geneeskunde studeren, terwijl
   ....

8. Ik moet vandaag tot vier uur naar school. Daarna
   ....

3 Kies de juiste vorm.

1. De meeste kandidaten waren meteen geslaagd. Slechts **enkele / enkelen** moesten een herexamen doen.

2. We moesten een leesexamen doen en een luisterexamen. **Beide / beiden** waren behoorlijk moeilijk.

3. In dat land wonen de rijke mensen in dure villa's, terwijl de **arme / armen** in krottenwijken wonen.

4. Sommige honden kun je echt heel veel leren. **Andere / Anderen** leren werkelijk nooit iets.

5. De meeste computers worden weggegooid. Alleen de **nieuwere / nieuweren** worden verkocht.

6. De geheime dossiers liggen in de kluis. De **openbare / openbaren** hangen in de kast.

7. Bijna al mijn collega's nemen vakantie in de zomer. **Sommige / Sommigen** twee of drie weken, **andere / anderen** zelfs een maand.

8. Na de middelbare school gaan veel mensen naar de universiteit maar de **meeste / meesten** gaan een beroepsopleiding doen.

Les 9

4 Wat betekent ongeveer hetzelfde?

1. netjes		a.	plaats
2. motivatie		b.	lawaai
3. op kamers gaan		c.	troep
4. chaos		d.	enige
5. tussen de middag		e.	heel erg moe
6. opgeleid		f.	wanorde
7. oververmoeid		g.	drijfveer
8. bang		h.	een keuze maken
9. kiezen		i.	de regering
10. de overheid		j.	bruikbaar
11. vanzelfsprekend		k.	van twaalf tot twee
12. enkele		l.	het huis uit gaan
13. nuttig		m.	opgeruimd
14. plek		n.	geschoold
15. kabaal		o.	gewoon
16. zooitje		p.	angstig

5 Lezen

a) U gaat een tekst lezen over hoogbegaafde kinderen in het onderwijs. 'Hoogbegaafd' betekent 'heel intelligent'. Lees de titel. Wat zullen volgens u de problemen zijn van hoogbegaafde kinderen in het onderwijs?

....

....

b) Lees de zinnen. Lees daarna de tekst en kruis aan: zijn de zinnen waar of niet waar?

waar / niet waar

1. Volgens Tessa Kieboom houdt het huidige onderwijssysteem weinig rekening met hoogbegaafde kinderen.

2. Volgens Tessa Kieboom is het beter om hoogbegaafde kinderen naar een aparte school te sturen.

3. Sinds de jaren '50 wordt geëxperimenteerd met de integratie van hoogbegaafde kinderen in normale klassen.

4. Uit het onderzoek van Tessa Kieboom bleek dat met klassiek onderwijs de beste resultaten worden behaald.

5. Tessa Kieboom denkt dat alle leraren zelf extra materiaal zullen maken.

HOOGBEGAAFD? OEI, EEN PROBLEEMGEVAL!

Je hebt een intelligentiequotiënt van 130 of meer - het gemiddelde is 100 -, en je zit op de lagere of middelbare school. Dan hoor je bij de 5 à 10 procent van de Vlaamse leerlingen die behoren tot de
5 bollebozen van de klas. Op onze Vlaamse scholen zitten tussen de 56.000 en de 112.000 hoogbegaafden. Preciezere cijfers zijn er niet. 'Ons schoolsysteem heeft weinig aandacht voor hen. Erger nog, soms ziet men hen als probleemgevallen', zegt Tessa Kieboom
10 (32).

Aan de Katholieke Universiteit Nijmegen promoveerde ze tot doctor in de Sociale Wetenschappen, met een proefschrift over hoogbegaafde jongeren in het
15 onderwijs. In de toekomst wil ze zich graag meer bezig houden met haar begaafde zorgenkinderen. 'Voor minderbegaafde leerlingen wordt gezorgd, maar niet voor de echt verstandige kinderen. Die leegte in ons huidige onderwijssysteem was de reden voor mijn
20 studie', zegt ze.

'Hoogbegaafden vallen buiten de boot. Ze kunnen hun talenten te weinig ontwikkelen. Ze zijn slim, zoeken zelf dingen op, hebben meestal een goed geheugen en
25 hebben dus zoveel herhalingen van de leerstof niet nodig. Ze zouden het liefst zelfstandig en creatief werken, zodat ze hun aangeboren talent kunnen gebruiken, terwijl dat nu niet kan. Onze leerplannen zijn gebaseerd op de gemiddelde leerling; we hebben
30 ook programma's voor minderbegaafde leerlingen, maar we springen niet in op de behoeften van zeer verstandige kinderen.'

In Israël, de Verenigde Staten en in een aantal andere
35 landen worden meerbegaafden naar aparte scholen gestuurd. Tessa Kieboom vindt dat niet goed. 'Het is niet nodig deze mensen positief te discrimineren. In de normale samenleving zitten ze ook niet in een soort reservaat. Bovendien krijgen ze in dergelijke scholen
40 nog meer het gevoel dat ze tot een elite behoren'.

Het antwoord is dus integratie in het normale schoolsysteem. 'Dat is niet nieuw. In de Verenigde Staten werd al in de jaren '50 geëxperimenteerd met
45 hoogbegaafden in gewone klassen. Alle leerlingen moesten daar eerst het basisdeel van het leerplan beheersen. Daarna mochten de verstandigen de 'mindere broertjes' begeleiden bij de uitbreiding van dat leerplan. Maar ze kregen daardoor alleen een
50 sociale rol. Er was geen aandacht voor de ontwikkeling van hun intelligentie.'

In Nederland ontwikkelde professor Nuy in de jaren '70 een systeem waarbij sterke leerlingen, nadat ze de
55 basisstof in een vak hadden verworven, binnen dat vak 'verrijkingsoefeningen' konden doen. Bijvoorbeeld: in het eerste studiejaar leert iedereen tellen tot 20. De bollebozen doen dat, net als de mindere krachten, maar krijgen de kans moeilijkere taken te verrichten.
60
'Een andere aanpak ontstond ook in de jaren '70, alweer in de Verenigde Staten. Meerbegaafden konden zich óf verrijken binnen het vak dat ze deden, of erbuiten. Ze konden bijvoorbeeld méér
65 rekensommetjes maken, maar, als ze dat wilden, ook bijvoorbeeld een film regisseren'.

Volgens Tessa Kieboom is een meerbegaafde altijd een soort ongewenst kind in een klas. 'De leraren denken:
70 die is karaktergestoord, ongemotiveerd. Leerkrachten zien een hoogbegaafde vaak als een probleemgeval. Dat patroon moeten we proberen te veranderen'. Voor haar proefschrift ontwikkelde de jonge vrouw een 'zelfstudiepakket' voor het gewone onderwijs. Zo'n
75 250 proefpersonen in het secundair onderwijs namen deel aan het experiment. Eén groep volgde het zelfstudiepakket, een andere groep volgde klassiek onderwijs.

80 'Ik constateerde dat de leerlingen die met het zelfstudiepakket werkten, een hoger studieresultaat hadden dan de leerlingen die met het klassieke programma werkten. Zelfs de leerlingen die tot de middenmoot of tot de staart van de klas behoorden,
85 hadden met het zelfstudiepakket een hoger resultaat! Dat sterkt me dus in het idee dat we hoogbegaafden niet moeten isoleren, maar in de reguliere groep moeten houden'.

90 Maar Kieboom vreest dat leraren haar theorie niet onmiddellijk zullen accepteren. 'Meer werk bij hun drukke takenpakket, enzovoort. Er zou extra materiaal gemaakt moeten worden. Sommige gemotiveerde leraren doen dat zelf, maar de meesten hebben daar
95 echt geen tijd voor. Toch vind ik dat dat wel nodig is. Ten slotte hebben meerbegaafden even veel recht op aanpak van hun problematiek als minderbegaafden'

Les 9

6 Lezen (2)

1. In regel 22 staat 'hoogbegaafden vallen buiten de boot'. Met welke woorden wordt dit al gezegd in alinea 2?

   ....

2. Welke andere woorden voor 'hoogbegaafden' worden gebruikt in alinea 4, 5 en 6?

   ....

3. Waarnaar verwijst 'hen' in regel 8?

   ....

4. Waarnaar verwijst 'ze' in regel 49?

   ....

5. Waarnaar verwijst 'er' in de zin 'Meerbegaafden konden zich óf verrijken binnen het vak dat ze deden, of *er*buiten'. (regel 62-64)

   ....

7 Luisteren 16

U gaat luisteren naar het eindexamenjournaal op radio 518. Dit journaal is voor scholieren die eindexamen doen. Het eindexamenjournaal geeft elke dag actueel nieuws over de examens van die dag.

a) Lees de vragen. Luister daarna naar de tekst en geef antwoord op de vragen.

1. Wat doet het LAKS?

   a) klagen over het eindexamen

   b) klachten ontvangen over het eindexamen

   c) eindexamens corrigeren

2. Wat was de klacht van MAVO'ers?

   a) Er waren geen klachten van MAVO'ers.

   b) Hun examen was te moeilijk.

   c) Tijdens hun examen zat een surveillant lawaai te maken.

3. Wat was de klacht van HAVO'ers?

   a) Hun examen was anders dan verwacht.

   b) Hun examen was moeilijker dan verwacht.

   c) Hun examen duurde te lang.

4. De dj van radio 518 zegt dat de klacht van de HAVO-leerlingen de schuld is van de leraren. Janne van het LAKS durft dit zelf niet te zeggen omdat ze nog op school zit. Waarom is dit begrijpelijk?

   a) Misschien moet haar school dan sluiten.

   b) Ze heeft zelf net het examen gemaakt. Misschien krijgt ze dan een onvoldoende.

   c) Misschien wordt haar school dan boos op haar.

5. Wat was de klacht van de VWO'ers?

   a) Ze kregen te weinig tijd.

   b) Hun examen was veel te moeilijk.

   c) Ze kregen allemaal een onvoldoende.

   b) Lees de vragen. Luister nog een keer naar de tekst en geef antwoord op de vragen.

6. Waar staat de afkorting LAKS voor?
....

7. Welke examens werden er afgenomen op de dag van het journaal?

VWO: ....

HAVO: ....

MAVO: ....

8. Hoeveel klachten kwamen er per examenniveau binnen?

MAVO: ....

HAVO: ....

VWO: ....

9. Op welke twee manieren kun je klagen bij het LAKS?
....

10. Wat is het telefoonnummer van het LAKS?
....

Les 9

121

Schrijven

U volgt een cursus Nederlands bij een onderwijsinstituut. De docent is al vier keer ziek geweest. De lessen vielen dan uit. U schrijft een briefje met een klacht hierover naar de directeur van het instituut, mevrouw Van Laar. Maak de brief compleet.

Onderwijsinstituut De Terp
Wendelaerseweg 33
5491 CD Sint Oedenrode

...., ...

....,

Ik volg een cursus Nederlands aan uw instituut. Mijn docent is de heer Groen. Hoewel (tevreden over) ....
....
.... , heb ik toch een klacht. Mijnheer Groen is namelijk ....
....
....

Dat kan natuurlijk gebeuren maar (betalen voor 40 lessen) ....
....
....

Ik vraag me af (welke oplossing) ....
.... Misschien is het mogelijk om ....
....

Ik hoop snel van u te horen.

....,

....

....

....

9 Maak zinnen.

1. verplicht zijn – dragen – om – te – een schooluniform – Op veel buitenlandse scholen – het.

2. drinken – een kopje thee – Voordat – altijd – maken – ik – huiswerk – met mijn moeder – ik – gaan.

3. te weinig – Op veel scholen – aandacht besteden aan – worden – hoogbegaafde kinderen.

4. tussen de middag – want – werken – overblijven – op school – moeten – Mijn dochter – ik – de hele dag.

5. in augustus – Hoewel – pas – naar de middelbare school – zijn – Ineke – 11 – al – gaan – ze.

6. eigenlijk – alle kinderen – in veel landen – moeten – Ook al – recht op onderwijs – hebben – ze – werken – toch.

7. nog geen kamer – maar – gaan – Sandra – in Amsterdam – hebben – ze – studeren.

8. stage lopen – een tijdje – hebben – ik – ik – in een ander licht – zien – Doordat – het onderwijs – nu.

10 Wat vindt u?

Sommige mensen vinden dat kinderen al op jonge leeftijd wiskunde moeten krijgen op school omdat ze dan logisch leren denken. Wat moet een kind tot 12 jaar volgens u op school leren? Schrijf een korte tekst waarin u uw mening geeft. Geef ook argumenten voor uw mening. Maak eerst een schrijfplan (zie pagina 77 in het tekstboek).

Les 9

11 Idioom

Maak zinnen met de volgende uitdrukkingen. Probeer ervoor te zorgen dat de betekenis van elke uitdrukking duidelijk wordt in de zin.

1. een kijkje nemen

....

2. op sleeptouw nemen

....

3. op kamers gaan

....

4. uit de hand lopen

....

5. niet wakker liggen van

....

6. de dupe worden van

....

12 Maak de zinnen compleet.

Gebruik de verba tussen haakjes.

1. De docent – op een lijst – wie er aanwezig is en wie niet. (bijhouden)

....

2. Ze wil liever niet dat – haar kinderen – in de stad – ; ze denkt dat het platteland beter voor hen is. (opgroeien)

....

3. Ik maak me vaak zorgen over mijn dochter. Als ze in het weekend uitgaat, – ze – vaak – tot vroeg in de ochtend – . (wegblijven)

....

4. Anne Marie heeft een gezellige werkkamer. Zij weet altijd precies hoe – je – zo'n ruimte – leuk – kunt – . (aankleden)

....

5. Erika is docente Engels. In de toekomst wil ze – haar eigen talencentrum – gaan – . (oprichten)

....

6. Veel kinderen – tussen de middag – op school – omdat hun ouders dan niet thuis zijn. (overblijven)

....

7. Op de School van de Toekomst – oudere en jongere leerlingen – veel – . (samenwerken)

....

13 Kies de juiste prepositie.

1. lenen	voor	van	met
2. doorgaan	met	door	in
3. opleiden	naar	op	tot
4. vragen	tot	naar	door
5. (be)horen	tot	om	van
6. gericht zijn	om	op	over
7. de dupe worden	voor	door	van
8. vragen stellen	naar	aan	van
9. niet wakker liggen	van	voor	door

14 Vul de combinaties van oefening 13 in.

1. Rick is de laatste tijd erg vervelend op school. Misschien moeten we hem eens .... zijn situatie thuis.

2. Als de ouders vaak ruzie hebben, ... de kinderen daar ....

3. Hoewel we geen subsidie meer krijgen, hebben we toch besloten om .... te .... dit project.

4. Herman .... de beste leerlingen van de klas; hij heeft nog nooit een onvoldoende gehaald voor een proefwerk.

5. Henk moet dat probleem maar oplossen; ik .... er .... !

6. Die .... moet je niet .... mij .... ! Het enige wat ik van computers weet is hoe je ze aan moet zetten!

7. We hoeven morgen niet met de trein want ik kan een auto .... een vriend van mij.

8. Deze cursus .... met name .... spreekvaardigheid.

9. Op de PABO worden studenten .... leraar op de basisschool.

Ik zie, ik zie wat jij niet ziet ...

Uitleg

1 De plaats van een prepositiewoordgroep in een zin

Een prepositiewoordgroep kan op verschillende plaatsen in een zin staan. De regels hiervoor zijn niet altijd even duidelijk. In het algemeen geldt:

– Een **prepositiewoordgroep** staat meestal aan het eind van een zin.

   Morgen gaan we **naar Amsterdam**.
   Wij woonden vroeger **in een klein, gezellig huisje**.

Let op! In een bijzin staat de **prepositiewoordgroep** direct voor het *verbum*.

   We hebben afgesproken dat we morgen **naar Amsterdam** *gaan*.
   Ik vertelde hem dat wij vroeger **in een klein, gezellig huisje** *woonden*.

– Staat er een infinitief of een participium in de zin? Dan staat de **prepositiewoordgroep** meestal direct vóór de *infinitief* of het *participium*.

   Nadia heeft een huis **in Almere** *gekocht*.
   Minke wil graag weer **op de basisschool** *lesgeven*.

Let op! De **prepositiewoordgroep** kan ook aan het eind van de zin staan, direct ná de *infinitief* of het *participium*.

   Nadia heeft een huis *gekocht* **in Almere**.
   Minke wil graag weer *lesgeven* **op de basisschool**.

Let op! In een bijzin met meerdere verba blijven alle verba altijd bij elkaar staan. De **prepositiewoordgroep** staat dan direct voor of direct na de *verba*.

   Nadia zoekt ander werk omdat ze een huis **in Almere** *heeft gekocht*.
   Nadia zoekt ander werk omdat ze een huis *heeft gekocht* **in Almere**.

   Minke zei dat ze graag weer **op de basisschool** *wil lesgeven*.
   Minke zei dat ze graag weer *wil lesgeven* **op de basisschool**.

2 Zetten – staan, leggen – liggen, stoppen – zitten

Met deze verba kun je de beweging, het resultaat van de beweging en de positie van een object beschrijven.

	beweging	resultaat van de beweging	positie van het object
zetten - staan	Ik **zet** het boek in de kast. Jaap **zet** de vuilniscontainer buiten.	Het boek **staat** in de kast. De vuilniscontainer **staat** buiten.	verticaal
leggen - liggen	Anne **legt** haar koffer op het bed. Ik **leg** de foto's in de la.	Haar koffer **ligt** op het bed. De foto's **liggen** in de la.	horizontaal
stoppen - zitten	Ze **stopt** de sleutels in haar tas. Hij **stopt** zijn sigaretten in zijn jaszak.	De sleutels **zitten** in haar tas. Zijn sigaretten **zitten** in zijn jaszak.	in een kleine ruimte

3 Het gebruik van het perfectum en het imperfectum

Als je een gebeurtenis in het verleden beschrijft, kun je afwisselend het perfectum en het imperfectum gebruiken. Wanneer je precies het perfectum moet gebruiken en wanneer het imperfectum, is niet zo duidelijk te zeggen. In het algemeen geldt:

- het perfectum wordt vaker gebruikt dan het imperfectum.
- het *perfectum* gebruik je om de *actie of feiten* te beschrijven en het **imperfectum** om **bijzonderheden**, het **decor** te beschrijven.

    Gisteren *zijn* we naar de bioscoop *geweest*. Het **was** heel mooi weer, dus het **was** niet erg druk in de bioscoop. We hebben een film gezien van Steven Spielberg maar we **vonden** hem allebei een beetje saai.

- voor modale *hulpwerkwoorden* gebruik je vrijwel altijd het *imperfectum*, bijna nooit het perfectum.

    We *wilden* zondag naar het museum gaan, maar onze auto was kapot.
    Bert *moest* drie weken rust houden van de dokter.
    John *kon* vroeger erg goed dansen.

- voor de constructie *zijn + aan het + infinitief* gebruik je meestal het *imperfectum*.

    We *waren* een spelletje *aan het doen*, toen de telefoon ging.
    Toen Egbert thuiskwam, *was* Maaike haar koffers *aan het pakken*.
    Ik *was* op zolder *aan het schilderen*, dus ik heb de telefoon niet gehoord.

- na de conjunctie *toen* en na het adverbium *vroeger* gebruik je bijna altijd het *imperfectum*.

    Toen ik *thuiskwam*, heb ik meteen de dokter gebeld.
    Vroeger *was* dit een klooster. Tegenwoordig is het een soort museum.

TIP Let in een gesprek goed op. Gebruikt je gesprekspartner in zijn vraag het perfectum of het imperfectum? Neem dat dan over in je antwoord.

Voor het gebruik van het imperfectum zijn slechts enkele duidelijke regels te geven.

▶ Lees de voorbeelden. Onderstreep de vormen van het *imperfectum*:

    a) We zijn gisteren naar Zeeland geweest. Het regende de hele dag, maar toch was het heel leuk.

    b) Als ik geld had, kocht ik een auto.

    c) Hij las de brief, verscheurde hem en gooide hem in de prullenbak.

    d) 's Zomers ging mijn oma elke dag in het park wandelen.

▶ Wat hoort bij elkaar? Zoek bij elke regel het juiste voorbeeld.

Het imperfectum gebruik je

                                                                                                     voorbeeld

1. om een gewoonte of een terugkerende handeling of situatie in het verleden te beschrijven.

2. om bijzonderheden (het decor) te beschrijven van een situatie of handeling in het verleden.

3. om kort op elkaar volgende handelingen te beschrijven.

4. om een irreële voorwaarde te stellen, in plaats van *zou + infinitief*.

Let op!

Het imperfectum en het participium van regelmatige werkwoorden:

- stam eindigt op **t, k, f, s, ch, p**:   – imperfectum: stam + *te(n)*
                                                               – participium: ge + stam + *t*

        werken   werk*te(n)*   gewerk*t*
        fietsen   fiets*te(n)*   gefiets*t*

- anders: – imperfectum: stam + *de(n)*
                                                               – participium: ge + stam + *d*

        leren   leer*de(n)*   geleer*d*
        wonen   woon*de(n)*   gewoon*d*

Veel verba zijn onregelmatig. Het perfectum en het imperfectum van die verba moet je van buiten leren! (Zie appendix voor een overzicht van onregelmatige verba.)

Oefeningen

1 Maak zinnen.

Let op de plaats van de *prepositiewoordgroep*.

1. je – De meeste cafés en restaurants – *in het centrum van de stad* – vinden.

   ....

2. *naar een bedrijventerrein* – Binnenkort – ons bedrijf – verhuizen – gaan.

   ....

3. al onze vrienden en collega's – We – *voor het feest* – uitnodigen – hebben.

   ....

4. zeker weten – Michiel – dat – Ik – niet thuis zijn – hem – omdat – zien – *in de stad* – ik – net – hebben.

   ....

5. Hebben – Eric – *op de computer* – een hele mooie presentatie – maken.

   ....

6. we – hebben – Als – om te koken – geen zin – , we – *naar de pizzeria* – gaan.

   ....

7. Ze – dat – vertellen – ze – hebben – hem – *op de verjaardag van een vriendin* – ontmoeten.

   ....

8. hebben – *met dammen* – De vier grote zeegaten in Zeeland – men – afsluiten.

   ....

2 Herschrijf de zinnen.

Lees de zinnen van oefening 5 in het tekstboek nog een keer.
Onderstreep de prepositiewoordgroep in de zinnen. Kan de prepositiewoordgroep ook op een andere plaats in de zin staan? Noteer de nieuwe zinnen.

....
....
....
....
....
....
....
....

Les 10

3 Vul in.

zetten ⋮ staan ⋮ leggen ⋮ liggen ⋮ stoppen ⋮ zitten

1. Er worden hier vaak fietsen gestolen, dus je kunt hem beter even binnen ....
2. Dat stapeltje formulieren heb ik gisteren op je bureau ....
3. Als je schone handdoeken zoekt, die .... in de kast op de slaapkamer.
4. Wil je eens even kijken of de sleutels misschien in jouw jaszak .... ? Ik kan ze namelijk nergens vinden.
5. Ik denk dat er nog een potje appelmoes op de plank in de kelder ....
6. Volgens mij heb je je aansteker gewoon in je tas ....

4 Perfectum of imperfectum?

Zet de verba in de juiste vorm op de juiste plaats.

1. willen — We gisteren gaan wandelen in een natuurgebied.
We wilden gisteren gaan wandelen in een natuurgebied.

2. rondrijden — We eerst een hele tijd.

3. kunnen — We het namelijk niet vinden.

4. zien — Opeens we een bord.

5. uitstappen/staan — We om te lezen wat erop.

En wat denk je?

6. mogen — We het natuurgebied helemaal niet in!

Momenteel broeden namelijk alle vogels.

7. gaan — We toen maar naar huis.

8. thuiskomen/zien — En toen we, we bij ons in de tuin iets leuks.

9. aan het broeden zijn — Daar ook een vogel.

10. gaan/willen — We toen door de achterdeur naar binnen want we de vogel niet storen.

Waarschijnlijk staat er binnenkort ook bij ons in de tuin een bord: *'Verboden toegang, broedende vogels'*!

5 Wat betekent ongeveer hetzelfde?

1. centrum
2. klussen
3. ineens
4. aardig
5. plezier
6. hardlopen
7. in de gaten krijgen
8. in de verte
9. grijpen
10. ervandoor gaan
11. strijd
12. hulpeloos
13. geniaal
14. afsluiten
15. veilig
16. sindsdien

a. gevecht
b. zonder hulp
c. snel weggaan
d. merken
e. dicht doen/maken
f. doe-het-zelven
g. plotseling
h. vriendelijk
i. lol
j. aan de horizon
k. vanaf die tijd
l. buiten gevaar
m. opeens vastpakken
n. joggen
o. briljant
p. binnenstad

6 Vul in.

Verander eventueel de vorm.

briljant ⁞ in de open lucht ⁞ binnenstad ⁞ sindsdien ⁞ doe-het-zelven
de strijd ⁞ afsluiten ⁞ aan de horizon

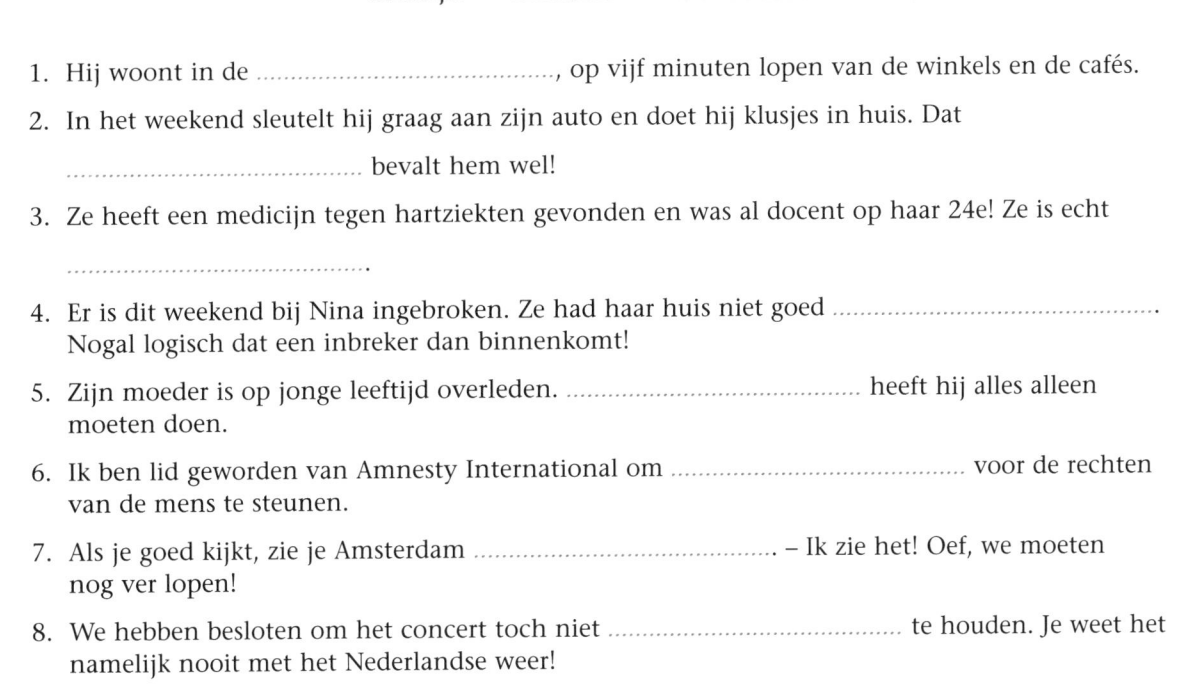

1. Hij woont in de ...., op vijf minuten lopen van de winkels en de cafés.
2. In het weekend sleutelt hij graag aan zijn auto en doet hij klusjes in huis. Dat .... bevalt hem wel!
3. Ze heeft een medicijn tegen hartziekten gevonden en was al docent op haar 24e! Ze is echt ....
4. Er is dit weekend bij Nina ingebroken. Ze had haar huis niet goed .... Nogal logisch dat een inbreker dan binnenkomt!
5. Zijn moeder is op jonge leeftijd overleden. .... heeft hij alles alleen moeten doen.
6. Ik ben lid geworden van Amnesty International om .... voor de rechten van de mens te steunen.
7. Als je goed kijkt, zie je Amsterdam .... – Ik zie het! Oef, we moeten nog ver lopen!
8. We hebben besloten om het concert toch niet .... te houden. Je weet het namelijk nooit met het Nederlandse weer!

Les 10

7 Beschrijf het plaatje.

Kijk naar de huiskamer op het plaatje. Beschrijf de plaats van de meubels en de andere dingen in de kamer. Gebruik voor de beschrijving eventueel de woorden van oefening 5 uit het tekstboek!

De stoel staat ...

bij aan onder achter voor naast op tegenover

8 Lezen

a) Lees de zinnen. Lees daarna de tekst en kruis aan: zijn de zinnen waar of niet waar?

waar / niet waar

1. De *Dag van de Architectuur* bestaat al 100 jaar.
2. Tijdens de *Dag van de Architectuur* kun je gebouwen bekijken waar je anders niet naar binnen mag.
3. Tijdens deze *Dag van de Architectuur* reikte men ook architectuurprijzen uit.
4. In Den Haag was een tentoonstelling over de Tien Grote Projecten van Nederland.
5. In het Museumpark in Rotterdam konden bezoekers 24 voorbeeldwoningen uit de woningbouwgeschiedenis bekijken.

Dag van de architectuur 2001

- door onze verslaggever-

Afgelopen vrijdagmiddag startte de Dag van de Architectuur 2001. Er was daarom het afgelopen weekend door heel het land van alles georganiseerd op het gebied van architectuur. Het thema van deze dag was *3x8, wonen, werken, rusten*. Dit thema komt uit de Woningwet, die dit jaar 100 jaar bestaat.

Favoriet onderdeel van de Dag van de Architectuur was, zoals altijd, het bezoeken van gebouwen waar je anders nooit in komt. Dit jaar konden bijvoorbeeld het gevangenisdorp Veenhuizen en de stadsgevangenis in Hoogvliet bezocht worden.

Het leuke van deze Dag van de Architectuur - dat eigenlijk meer een Weekend van de Architectuur leek - was dat er zoveel lokale activiteiten waren. Bijna elke zichzelf respecterende stad had wel een eigen programma, meestal georganiseerd door lokale Architectuurcentra. De focus lag daarbij gelukkig nog steeds op het bezoeken van gebouwen – hét succesnummer van elk Dag van de Architectuur, zeker wat bezoekersaantallen betreft. Maar daar omheen werd meer georganiseerd: er werden architectuurprijzen uitgereikt, kinderprogramma's gemaakt, etcetera.

Van meer dan lokaal belang was de expositie over de Tien Grote Projecten van Nederland, in het Haagse Ontwerp-atelier van de Rijksbouwmeester. 'Grote Projecten' wás al een pretentieuze titel, maar men zei daar zelfs dat het "Big Projects' zal gaan heten, door de internationalisering. Waarom niet gelijk NL-XL ?

In Rotterdam werden wel heel veel activiteiten georganiseerd. Dat moest natuurlijk ook, omdat Rotterdam dit jaar de Culturele Hoofdstad is. Ten eerste was er het R2001 programma 'Thuis in Rotterdam', met 24 voorbeeldwoningen uit de woningbouwgeschiedenis waar bezoekers in mochten. Bovendien werd er op zaterdag en zondag een Festival van de Architectuur in en om het Museumpark georganiseerd met verschillende presentaties, activiteiten en rondleidingen. Kortom, de Dag van de Architecuur geeft genoeg redenen om volgend jaar niet naar het strand te gaan, maar een uitstapje te maken naar de stad!

b) Lees de vragen. Lees daarna de tekst nog een keer en geef antwoord op de vragen.

6. Waarom kun je deze *Dag van de Architectuur* beter een *Weekend van de Architectuur* (r. 13) noemen?

....

7. In r. 17-20 staat: *De focus lag daarbij gelukkig nog steeds op het bezoeken van gebouwen – hét succesnummer van elke Dag van de Architectuur, zeker wat bezoekersaantallen betreft.* Wat betekent die zin?

a) Het belangrijkste van de *Dag van de Architectuur* is gelukkig nog steeds het grote aantal mensen dat die dag gebouwen bezoekt.
b) Heel veel mensen bezoeken gebouwen tijdens de *Dag van de Architectuur* en dat was ook deze keer gelukkig nog steeds het belangrijkste en leukste onderdeel van de *Dag van de Architectuur*.
c) Het belangrijkste onderdeel van de *Dag van de Architectuur* was ook deze keer gelukkig nog steeds het bezoeken van gebouwen, maar er waren dit jaar niet zo veel mensen als anders.

8. Vond de verslaggever het volgens u leuk om de *Dag van de Architectuur* te bezoeken? Uit welk deel van de tekst blijkt dat?

....

9. Zou u het leuk vinden om de *Dag van de Architectuur* te bezoeken? Waarom (niet)?

....

133

9 Luisteren 17

U gaat luisteren naar Tijs Goldsmidt. Hij beschrijft zijn uitzicht.

a) Lees de vragen. Luister daarna naar de tekst en geef antwoord op de vragen.

1. Welk jaargetijde was het tijdens de opname van dit 'gesproken uitzicht'?
   a) lente
   b) zomer
   c) herfst
   d) winter

2. Tijs Goldsmidt woont..
   a) ... in de oude binnenstad.
   b) ... in een buitenwijk.
   c) ... in een nieuwbouwwijk.

3. Tijs Goldsmidt noemt een aantal zaken die hij mooi vindt. Wat noemt hij *niet*?
   a) het licht
   b) de Ten Katemarkt
   c) de kerk

b) Lees de vragen. Luister nog een keer naar de tekst en geef antwoord op de vragen.

4. Wat voor werk doet Tijs Goldsmidt?
   ....

5. Hoe was het weer tijdens de opname van dit 'gesproken uitzicht'?
   a) mistig
   b) bewolkt
   c) prachtig

6. Wat is het verschil tussen het zomer-uitzicht en het winter-uitzicht van de Tijs Goldsmidt?
   ....

7. Wat zegt Tijs Goldsmidt over de kerk?
   a) Hij past niet goed in de buurt.
   b) Hij past goed in de buurt.

10 Schrijven

U woont in een woonwijk aan de rand van de stad. De gemeente heeft besloten dat er naast uw wijk een bedrijventerrein zal komen. Op dat terrein komen een groot transportbedrijf, een snoepfabriek en een grote meubelwinkel. U bent het daar niet mee eens. Daarom schrijft u een brief aan de gemeente. Maak de brief compleet.

Gemeente Assen
Hoogweg 22
4012 ZS Assen

...., ...

....,

Twee weken geleden is bekend geworden dat (bedrijventerrein naast woonwijk)..
....

Sindsdien maak ik me zorgen! Ik denk namelijk dat dat bedrijventerrein veel problemen zal geven.

Om te beginnen ben ik bang voor de kinderen in de buurt (transportbedrijf – veel vrachtwagens – gevaarlijk) ....
....
.... Vervolgens vrees ik dat (uitzicht lelijk – grote fabriekshallen)..
....

En hoe zit het met die snoepfabriek? (stank) ....
....
....! Als laatste ben ik echt bang voor die meubelwinkel: (weekend – veel mensen – file – geen parkeerplaats) ....
....
....

Al met al ben ik een tegenstander van de komst van dat bedrijventerrein. En ik ben niet de enige: (buurt – dezelfde mening) ....
....

Wellicht kan ik een goede oplossing geven: ....
....

....,

....

11 Maak zinnen.

1. uit het raam kijken – Als – aan de voorkant – ik – zien – een soort park – ik.

2. zijn – Aan de linkerkant – vaak – waar – een grasveld – aan het voetballen zijn – kinderen.

3. een glijbaan en een schommel – met – een speeltuintje – Naast het grasveld – liggen.

4. staan – ook – Er – bij het speeltuintje – een paar banken.

5. vaak – naar – de spelende kinderen – kijken – mensen – zitten – Daar – te.

6. de moeders – de kleintjes – Dat – vooral – in de gaten houden – natuurlijk – zijn – die.

7. mensen – liggen – Rechts naast het speeltuintje – uitlaten – een grasveld – kunnen – waar – hun hond.

8. een speciaal uitlaatterrein met een hek eromheen – zijn – Het – niet – zodat – kunnen – de honden – weglopen.

9. ervoor zorgen – alleen op dát grasveld – ook – de honden – Het hek – dat – poepen.

10. komen – in de rest van het park – er – Op die manier – geen hondenpoep.

12 Maak de zinnen compleet.

Gebruik de verba tussen haakjes.

1. Toen we gisteren opeens geen benzine meer hadden, – hebben – we – bij een boerderij – . (aankloppen) Daar hebben we toen een jerrycan benzine gekregen.

2. Op de Nederlandse snelwegen is het verboden om – rechts – te – . (inhalen)

3. Als je met Mieke zit te praten, – ze – heel vaak – even – je hand – . (vastpakken)

4. Peter en Kristel – hebben – tijdens hun vakantie – een bankoverval – . (meemaken)

5. Tijdens de aardbeving – huizen en gebouwen – ; daardoor werden zeker 10.000 mensen dakloos. (instorten)

....

6. Ik sport vrij veel; ik volleybal twee keer per week en – ik – drie keer per week – . (hardlopen)

....

7. Het heeft de hele middag geregend. Tegen vijf uur – het zonnetje – pas – . (doorbreken)

....

13   Kies de juiste prepositie.

1. botsen	tegen	in	van	
2. contact hebben	van	met	aan	
3. trots zijn	voor	op	met	
4. de bocht	om	in	aan	komen
5.	om	in	aan	de gaten krijgen
6.	door	voor	over	de grond zakken
7.	voor	aan	in	elkaar slaan

14   Vul de combinaties van oefening 13 in.

1. Tijdens het sollicitatiegesprek liet ik van de zenuwen mijn kopje koffie vallen. Ik kon wel ....!

2. Hij .... zo .... zijn nieuwe auto dat hij over niets anders meer kan praten.

3. Marcel heeft een ongeluk gehad; hij is met zijn auto .... een boom ....

4. Toen ik ...., stak er plotseling een kind over. Ik kon gelukkig nog net op tijd remmen.

5. Mijn moeder heeft een vriendin die al dertig jaar in Zuid Afrika woont. Ze .... nog steeds veel .... elkaar.

6. We waren al anderhalf uur thuis en toen .... we pas .... dat er was ingebroken.

7. Ik had de hele ochtend zitten typen en toen ging mijn computer kapot. Ik was al mijn teksten kwijt! Ik had het ding wel .... willen ...., zó boos was ik!

137

Appendix

Test 1: les 1 – 5

1. Kies het juiste antwoord/de juiste antwoorden.

1. Ik wil weten ...
   a) waar hij vandaan komt.
   b) waar hij komt vandaan.
   c) waar komt hij vandaan?

2. Ik wilde je ... uitnodigen voor mijn verjaardag.
   a) even
   b) achteraf
   c) graag

3. Nee, dat vind ik niet ..... goed idee.
   a) zo'n
   b) een
   c) zoon

4. ... we naar Spanje gaan?
   a) laten
   b) zullen
   c) willen

5. Ik heb een leuke collega ... ... ik vaak ga sporten
   a) met wat
   b) waarmee
   c) met wie

6. Ik wil een baan ...
   a) die biedt mij veel mogelijkheden.
   b) die heel interessant is.
   c) die zeer afwisselend is.

7. Er maken vijf mensen deel .... de sollicitatiecommissie.
   a) uit van
   b) mee uit
   c) van uit

8. Zij ... altijd al buiten ... ...
   a) heeft willen wonen
   b) kan hebben gewoond
   c) heeft gewild wonen

9. Er is iets ... de hand met onze koelkast.
   a) in
   b) door
   c) aan

10. U moet ... komen!
    a) nogal
    b) absoluut
    c) best

11. Ik ben ... ... niet mee eens!
    a) er het
    b) de er
    c) het er

12. Zij is ... overtuigd dat ze gelijk heeft.
    a) erdoor
    b) ervan
    c) erin

Test 1: les 1 – 5

2 Kies de juiste reactie(s).

1. Wij kennen elkaar nog niet.
   a) Klopt, ik ben Ludo.
   b) Geweldig!
   c) Ben je gek!

2. Wat een lekkere taart!
   a) Nee, sorry.
   b) Dank je, echt?
   c) Dat weet ik zeker.

3. En, doe je ook aan sport?
   a) Nou, heel af en toe.
   b) Ja, dank je.
   c) Geen idee.

4. Dus jij vindt het feestje ook gezellig?
   a) Inderdaad.
   b) Ja, dank je.
   c) Liever niet.

5. Denk je dat er veel mensen zullen komen?
   a) Misschien.
   b) Zou kunnen.
   c) Wat een ramp!

6. Ik wilde even vragen of je morgen ook komt.
   a) Ja, ik kijk er erg naar uit.
   b) Hierbij deel ik je mee dat ik niet kan komen.
   c) Sorry, ik kan helaas niet.

7. Wil je rode of witte wijn?
   a) Fijn om te horen.
   b) Het maakt mij niet uit.
   c) Ben je gek!

8. Weet u waar de van Goghstraat is?
   a) Dat hangt ervan af.
   b) Geen flauw idee.
   c) Sorry, ik weet het niet.

9. Wat is dat, het Omniversum?
   a) Dat is een soort bioscoop.
   b) Ik kom niet op de naam.
   c) Dat ligt vlakbij het Museon.

10. Waar zou jij willen wonen?
    a) Ik zou best in Antwerpen willen wonen.
    b) Ik zal perse in Arnhem wonen.
    c) Het liefst zou ik in Brussel wonen.

11. Ik vind dat het poldermodel een goed systeem is.
    a) Bovendien ben ik het niet met je eens.
    b) Daar heb je gelijk in.
    c) Dat vind ik ook.

12. Ik ben van mening dat tv kijken slecht is voor kinderen.
    a) Aan de andere kant…
    b) Dat weet ik wel zeker.
    c) En verder ben ik het niet met je eens.

Test 2: les 6 – 10

1. Kies het juiste antwoord/de juiste antwoorden.

1. Uit de gegevens ... dat Nederlanders gierig zijn.
   a) ziet
   b) blijkt
   c) bestaat

2. Dit resultaat is het ...
   a) meest opmerkelijk.
   b) meer opmerkelijk.
   c) opmerkelijkst.

3. Nederland is een klein land, ... verhouding ... veel andere landen.
   a) met   in
   b) in   tot
   c) met   tot

4. Zij moet werken om ...
   a) te verdienen geld.
   b) te geld verdienen.
   c) geld te verdienen.

5. Je ... eens wat harder ... studeren!
   a) zou   moeten
   b) zou   willen
   c) zou   gaan

6. Als ik jou was, ...
   a) heb ik een grotere auto gekocht.
   b) zal ik een grotere auto kopen.
   c) zou ik een grotere auto kopen.

7. Hoe ... je baan, hoe ... tijd je hebt voor de kinderen.
   a) druk   weinig
   b) drukker   minder
   c) druk   minder

8. Op deze school zitten veel leerlingen. ... is het er altijd gezellig.
   a) Hoewel
   b) Ook al
   c) Toch

9. ... ik te laat was opgestaan, was ik nog op tijd op mijn werk.
   a) Omdat
   b) Hoewel
   c) Daarom

10. Drukte op mijn werk? Daar lig ik niet wakker ...
    a) van
    b) mee
    c) met

11. Er ... een grote vaas met bloemen op de tafel.
    a) ligt
    b) zit
    c) staat

12. Vanuit mijn woonkamer kijk ik ... ... een park.
    a) uit   naar
    b) uit   op
    c) naar   uit

142

Test 2: les 6 – 10

2 Kies de juiste reactie(s).

1. Wat vind jij van Nederlanders?
   a) Ik vind ze beduidend aardig.
   b) Volgens mij liggen ze er tussenin.
   c) Ik vind dat ze over het algemeen wel aardig zijn.

2. Wat kun je zien in de grafiek?
   a) Dat de export van kaas is afgenomen.
   b) Dat er beduidend meer kaas dan boter wordt geëxporteerd.
   c) Dat er kaas en boter wordt geëxporteerd.

3. Houd jij van Indiase gerechten?
   a) Nee, ik geef de voorkeur aan Italiaans eten.
   b) Nee, dat is aan de lage kant.
   c) Nee, daar houd ik geen rekening mee.

4. Wat voor computer moet ik kopen?
   a) Dat heb ik niet in de gaten.
   b) Dat kun je beter aan een expert vragen.
   c) Je kunt het beste een computer kopen.

5. Je moet eens wat beter Engels leren spreken.
   a) Ik ben aan het goede adres.
   b) Hoe pak ik dat aan?
   c) Heb ik dat onder de knie?

6. Jij vond je werk toch niet zo leuk?
   a) Integendeel! Ik houd er niet zo van.
   b) Integendeel! Ik vind het juist wel leuk.
   c) Toch vind ik het niet zo leuk.

7. Mag ik hier roken?
   a) Ja hoor, ga je gang.
   b) Ja hoor, dat zie ik niet zitten.
   c) Ja hoor, daar heb ik geen bezwaar tegen.

8. Mijn dochter studeert in Groningen.
   a) Woont ze vaak thuis?
   b) Woont ze nog thuis?
   c) Woont ze op kamers?

9. Wat vind jij van het moderne onderwijs?
   a) Dat voldoet volgens mij niet aan de eisen.
   b) Ik vind exacte vakken belangrijk.
   c) Dat wil ik op sleeptouw nemen.

10. Wat vind jij van de docent?
    a) Nou, hij is maar aardig.
    b) Nou, hij is eigenlijk wel aardig.
    c) Nou, hij is op zich wel aardig.

11. Heb je een mooi uitzicht?
    a) Ja, er ligt een pen op tafel.
    b) Ja, dat kan gebeuren.
    c) Ja, ik kijk uit op een gracht.

12. En wat heb je toen gedaan?
    a) Ik heb meteen de politie gebeld.
    b) Ik bel meteen de politie.
    c) Ik had meteen de politie gebeld.

Onregelmatige verba

Infinitief	Imperfectum singularis	Imperfectum pluralis	Participium
bakken	bakte	bakten	gebakken
beginnen	begon	begonnen	begonnen (zijn)
begrijpen	begreep	begrepen	begrepen
bewegen	bewoog	bewogen	bewogen
bezoeken	bezocht	bezochten	bezocht
bieden	bood	boden	geboden
binden	bond	bonden	gebonden
blijken	bleek	bleken	gebleken (zijn)
blijven	bleef	bleven	gebleven (zijn)
breken	brak	braken	gebroken (hebben/zijn)
brengen	bracht	brachten	gebracht
denken	dacht	dachten	gedacht
doen	deed	deden	gedaan
dragen	droeg	droegen	gedragen
drinken	dronk	dronken	gedronken
durven	durfde	durfden	gedurfd
ervaren	ervoer	ervoeren	ervaren
eten	at	aten	gegeten
gaan	ging	gingen	gegaan (zijn)
gelden	gold	golden	gegolden
genieten	genoot	genoten	genoten
geven	gaf	gaven	gegeven
gieten	goot	goten	gegoten
grijpen	greep	grepen	gegrepen
hangen	hing	hingen	gehangen
hebben	had	hadden	gehad
helpen	hielp	hielpen	geholpen
houden	hield	hielden	gehouden
kiezen	koos	kozen	gekozen
kijken	keek	keken	gekeken
klimmen	klom	klommen	geklommen (hebben/zijn)
klinken	klonk	klonken	geklonken
komen	kwam	kwamen	gekomen (zijn)
kopen	kocht	kochten	gekocht
krijgen	kreeg	kregen	gekregen
kunnen	kon	konden	gekund
laten	liet	lieten	gelaten
lezen	las	lazen	gelezen
liggen	lag	lagen	gelegen
lijden	leed	leden	geleden
lijken	leek	leken	geleken
lopen	liep	liepen	gelopen (hebben/zijn)
moeten	moest	moesten	gemoeten
mogen	mocht	mochten	gemogen
nemen	nam	namen	genomen

Onregelmatige verba

Infinitief	Imperfectum singularis	Imperfectum pluralis	Participium
raden	raadde	raadden	geraden
rijden	reed	reden	gereden (hebben/zijn)
schenden	schond	schonden	geschonden
scheppen	schiep	schiepen	geschapen
schijnen	scheen	schenen	geschenen
schrijven	schreef	schreven	geschreven
schrikken	schrok	schrokken	geschrokken (zijn)
slaan	sloeg	sloegen	geslagen
slapen	sliep	sliepen	geslapen
sluiten	sloot	sloten	gesloten (hebben/zijn)
snijden	sneed	sneden	gesneden
spijten	speet (het)	–	gespeten
spreken	sprak	spraken	gesproken
springen	sprong	sprongen	gesprongen (hebben/zijn)
staan	stond	stonden	gestaan
steken	stak	staken	gestoken
sterven	stierf	stierven	gestorven (zijn)
stijgen	steeg	stegen	gestegen (zijn)
strijden	streed	streden	gestreden
treffen	trof	troffen	getroffen
trekken	trok	trokken	getrokken (hebben/zijn)
vallen	viel	vielen	gevallen (zijn)
varen	voer	voeren	gevaren (hebben/zijn)
vechten	vocht	vochten	gevochten
vergelijken	vergeleek	vergeleken	vergeleken
vergeten	vergat	vergaten	vergeten (hebben/zijn)
verliezen	verloor	verloren	verloren (hebben/zijn)
vinden	vond	vonden	gevonden
vliegen	vloog	vlogen	gevlogen (hebben/zijn)
vragen	vroeg	vroegen	gevraagd
wassen	waste	wasten	gewassen
weten	wist	wisten	geweten
wijzen	wees	wezen	gewezen
willen	wilde/wou	wilden/wouden	gewild
winnen	won	wonnen	gewonnen
worden	werd	werden	geworden (zijn)
zeggen	zei	zeiden	gezegd
zien	zag	zagen	gezien
zijn	was	waren	geweest (zijn)
zitten	zat	zaten	gezeten
zoeken	zocht	zochten	gezocht
zullen	zou	zouden	-
zwemmen	zwom	zwommen	gezwommen (hebben/zijn)

Separabele verba

In deze lijst staan vaak gebruikte regelmatige en onregelmatige separabele verba. De verba met een * staan *niet* in het *Basiswoordenboek Nederlands* van P. de Kleijn en E. Nieuwborg (Wolters Leuven, 1996). De vetgedrukte verba komen voor in les 1 t/m 10.

Infinitief	Imperfectum		Participium
	singularis	pluralis	
a			
aanbieden	bood aan	boden aan	aangeboden
aandoen	deed aan	deden aan	aangedaan
aangeven *	gaf aan	gaven aan	aangegeven
aankijken	keek aan	keken aan	aangekeken
(zich) aankleden	kleedde aan	kleedden aan	aangekleed
aankloppen *	klopte aan	klopten aan	aangeklopt
aankomen	kwam aan	kwamen aan	aangekomen (zijn)
aankondigen	kondigde aan	kondigden aan	aangekondigd
aannemen	nam aan	namen aan	aangenomen
aanpakken *	pakte aan	pakten aan	aangepakt
aanpassen	paste aan	pasten aan	aangepast
aansluiten	sloot aan	sloten aan	aangesloten
aanstrepen *	streepte aan	streepten aan	aangestreept
aantonen *	toonde aan	toonden aan	aangetoond
aantrekken	trok aan	trokken aan	aangetrokken
aanvragen	vroeg aan	vroegen aan	aangevraagd
aanwijzen	wees aan	wezen aan	aangewezen
aanzien	zag aan	zagen aan	aangezien
achterblijven	bleef achter	bleven achter	achtergebleven (zijn)
afhangen	hing af	hingen af	afgehangen
afkomen	kwam af	kwamen af	afgekomen (zijn)
aflopen	liep af	liepen af	afgelopen (hebben/zijn)
afnemen	nam af	namen af	afgenomen (hebben/zijn)
afpakken	pakte af	pakten af	afgepakt
afsluiten	sloot af	sloten af	afgesloten
afspreken *	sprak af	spraken af	afgesproken
afstuderen *	studeerde af	studeerden af	afgestudeerd (zijn)
afvegen	veegde af	veegden af	afgeveegd
(zich) afvragen	vroeg af	vroegen af	afgevraagd
afwachten	wachtte af	wachtten af	afgewacht
afzeggen *	zegde/zei af	zegden/zeiden af	afgezegd
b			
binnenkomen	kwam binnen	kwamen binnen	binnengekomen (zijn)
bijhouden *	hield bij	hielden bij	bijgehouden
bijkomen *	kwam bij	kwamen bij	bijgekomen (zijn)
d			
doorbreken *	brak door	braken door	doorgebroken (zijn)
doorbrengen	bracht door	brachten door	doorgebracht
doordringen	drong door	drongen door	doorgedrongen (zijn)

146

Separabele verba

Infinitief	Imperfectum singularis	Imperfectum pluralis	Participium
doorgaan	ging door	gingen door	doorgegaan (zijn)
doorlopen	liep door	liepen door	doorgelopen (hebben/zijn)
doornemen *	nam door	namen door	doorgenomen
g			
goedkeuren	keurde goed	keurden goed	goedgekeurd
h			
hardlopen *	liep hard	liepen hard	hardgelopen
i			
ingaan	ging in	gingen in	ingegaan (zijn)
inhalen *	haalde in	haalden in	ingehaald
(zich) inhouden	hield in	hielden in	ingehouden
innemen	nam in	namen in	ingenomen
zich inschrijven *	schreef in	schreven in	ingeschreven
zich inspannen *	spande in	spanden in	ingespannen
instappen	stapte in	stapten in	ingestapt (zijn)
instellen	stelde in	stelden in	ingesteld
instorten *	stortte in	stortten in	ingestort (zijn)
invullen *	vulde in	vulden in	ingevuld
inzien	zag in	zagen in	ingezien
m			
meebrengen	bracht mee	brachten mee	meegebracht
meedelen	deelde mee	deelden mee	meegedeeld
meedoen	deed mee	deden mee	meegedaan
meegaan	ging mee	gingen mee	meegegaan (zijn)
meemaken	maakte mee	maakten mee	meegemaakt
meenemen	nam mee	namen mee	meegenomen
meevallen	viel mee	vielen mee	meegevallen (zijn)
n			
nadenken	dacht na	dachten na	nagedacht
neerleggen	legde neer	legden neer	neergelegd
neerzetten	zette neer	zetten neer	neergezet
o			
(zich) omdraaien	draaide om	draaiden om	omgedraaid
omgaan	ging om	gingen om	omgegaan (zijn)
(zich) omkeren	keerde om	keerden om	omgekeerd (hebben/zijn)
onderbrengen	bracht onder	brachten onder	ondergebracht
opbellen	belde op	belden op	opgebeld
opbouwen	bouwde op	bouwden op	opgebouwd
opbrengen	bracht op	brachten op	opgebracht
opendoen	deed open	deden open	opengedaan
opeten	at op	aten op	opgegeten
opgaan	ging op	gingen op	opgegaan (zijn)

Separabele verba

Infinitief	Imperfectum singularis	pluralis	Participium
opgeven	gaf op	gaven op	opgegeven
opgroeien *	groeide op	groeiden op	opgegroeid (zijn)
ophalen	haalde op	haalden op	opgehaald
opheffen	hief op	hieven op	opgeheven
ophouden	hield op	hielden op	opgehouden (hebben/zijn)
opkijken	keek op	keken op	opgekeken
opkomen	kwam op	kwamen op	opgekomen (zijn)
opleveren	leverde op	leverden op	opgeleverd
oplopen	liep op	liepen op	opgelopen (hebben/zijn)
oplossen	loste op	losten op	opgelost
opmerken	merkte op	merkten op	opgemerkt
opnemen	nam op	namen op	opgenomen
oppassen	paste op	pasten op	opgepast
oprichten	richtte op	richtten op	opgericht
opruimen *	ruimde op	ruimden op	opgeruimd
opschieten	schoot op	schoten op	opgeschoten (hebben/zijn)
opstaan	stond op	stonden op	opgestaan (hebben/zijn)
(zich) opstellen	stelde op	stelden op	opgesteld
optreden	trad op	traden op	opgetreden (hebben/zijn)
optrekken	trok op	trokken op	opgetrokken (hebben/zijn)
opvallen	viel op	vielen op	opgevallen (zijn)
opzeggen *	zegde/zei op	zegden/zeiden op	opgezegd
opzetten	zette op	zetten op	opgezet
opzoeken	zocht op	zochten op	opgezocht
overblijven	bleef over	bleven over	overgebleven (zijn)
overgaan	ging over	gingen over	overgegaan (zijn)
overhouden *	hield over	hielden over	overgehouden
oversteken	stak over	staken over	overgestoken (hebben/zijn)

r

ronddraaien	draaide rond	draaiden rond	rondgedraaid

t

tegenvallen	viel tegen	vielen tegen	tegengevallen (zijn)
terugkeren	keerde terug	keerden terug	teruggekeerd (zijn)
terugkomen	kwam terug	kwamen terug	teruggekomen (zijn)
toegeven	gaf toe	gaven toe	toegegeven
toelaten	liet toe	lieten toe	toegelaten
toelichten *	lichtte toe	lichtten toe	toegelicht
toenemen	nam toe	namen toe	toegenomen (zijn)
toepassen	paste toe	pasten toe	toegepast
toevoegen	voegde toe	voegden toe	toegevoegd

u

(zich) uitbreiden	breidde uit	breidden uit	uitgebreid
uitdelen	deelde uit	deelden uit	uitgedeeld
uitdoen	deed uit	deden uit	uitgedaan
uitgaan	ging uit	gingen uit	uitgegaan (zijn)

Separabele verba

Infinitief	Imperfectum singularis	pluralis	Participium
uitgeven	gaf uit	gaven uit	uitgegeven
uitkijken	keek uit	keken uit	uitgekeken
uitkomen	kwam uit	kwamen uit	uitgekomen (zijn)
uitleggen	legde uit	legden uit	uitgelegd
uitmaken	maakte uit	maakten uit	uitgemaakt
uitnodigen	nodigde uit	nodigden uit	uitgenodigd
uitoefenen	oefende uit	oefenden uit	uitgeoefend
uitspreken	sprak uit	spraken uit	uitgesproken
uitstappen	stapte uit	stapten uit	uitgestapt (zijn)
uitsteken	stak uit	staken uit	uitgestoken
uitvoeren	voerde uit	voerden uit	uitgevoerd
uitzenden *	zond uit	zonden uit	uitgezonden
uitzien	zag uit	zagen uit	uitgezien
uitzoeken	zocht uit	zochten uit	uitgezocht

v

vasthouden *	hield vast	hielden vast	vastgehouden
vaststellen	stelde vast	stelden vast	vastgesteld
(zich) voorbereiden	bereidde voor	bereidden voor	voorbereid
voorbijgaan	ging voorbij	gingen voorbij	voorbijgegaan (zijn)
voorkomen	kwam voor	kwamen voor	voorgekomen (zijn)
voorstellen	stelde voor	stelden voor	voorgesteld

w

wegnemen	nam weg	namen weg	weggenomen

Verba met een vaste prepositie

In deze lijst staan verba met een vaste prepositie. De vetgedrukte verba en preposities komen voor in les 1 t/m 10. Alleen combinaties met een * staan *niet* in het *Basiswoordenboek Nederlands* van P. de Kleijn en E. Nieuwborg (Wolters Leuven, 1996).

Soms kunnen er verschillende preposities bij een verbum horen. De betekenis van het verbum met de ene prepositie is vaak anders dan met de andere prepositie. In de lijst staan regelmatige en onregelmatige (separabele) verba.

a
(zich) aanbieden aan
aankomen op
(zich) aanpassen aan
(zich) aansluiten bij
(zich) aantrekken van
afhangen van
afkomen van/op
afstemmen op *
antwoorden op

b
bedanken voor
bedoelen met
beginnen aan/met/over
begrijpen van
behoren tot *
(zich) bemoeien met *
bepalen tot
(zich) beperken tot
(zich) beschermen tegen
beschikken over
beslissen over
besluiten tot/uit
bestaan van/**uit**
besteden aan/voor
betrekken bij/in
bevallen van
bewegen tot
(zich) bezighouden met *
bidden tot/om
blijken uit

c
combineren met *
constateren uit

d
danken voor
dansen met
deelnemen aan
delen met
denken aan/om/over/van
dienen tot

doorgaan met/tot
doorstromen naar
dreigen met
dwingen tot

e
eindigen op
eisen van
(zich) ergeren aan *

g
gaan om
gelden voor
geloven in/aan
genieten van
geven om
grijpen naar

h
handelen in/over
heersen over
helpen met
herinneren aan
herkennen aan
hopen op
(zich) houden aan
houden van

i
ingaan op
inruilen voor
(zich) inschrijven voor
(zich) inspannen voor
inspringen op
instemmen met
instellen naar
(zich) interesseren voor

k
kiezen voor
klagen over
kloppen met
komen om

l
lachen om
leiden tot
lenen van
(zich) lenen voor
leren voor
letten op
leven van/voor
lezen over
liggen aan
lijden aan/onder
lijken op
luisteren naar

m
meedoen met/aan
meegaan met
mengen met
(zich) mengen in
merken van

n
nadenken over
(zich) neerleggen bij
noemen naar

o
(zich) oefenen in
omgaan met
omringen met *
onderhandelen over
(zich) onderscheiden van
ontbreken aan
opbellen over
opgaan voor/in
(zich) opgeven voor
ophouden met
opkijken tegen
opkomen voor/tegen
opleiden tot *
oppassen voor
opschieten met
optreden tegen
(zich) opwinden over *

150

Verba met een vaste prepositie

opzetten tegen
overgaan in/naar/op/tot
overlaten aan *
overleggen met *
overtuigen van

p
passen in/op/voor/bij
peinzen over
(zich) plaatsen voor
praten met/over
proeven van
protesteren tegen

r
raken aan
reageren op
redden van
(zich) redden uit
rekenen op
roepen om

s
samenwerken met *
schelen aan
schieten op
schreeuwen om
schrijven over
schrikken van
slaan op
slagen in/voor
sleutelen aan *
snappen van
spelen om
spreken met/over/tot
stemmen op/over/tot
sterven aan
steunen op

stoppen met
streven naar
studeren op/voor

t
telefoneren met/naar/over
terugkomen op/van
toegeven aan
toelaten tot
toepassen op
toevoegen aan
trouwen met

u
uitgaan van
uitkijken naar/op
uitkomen met/op/voor
uitnodigen op/voor
uitoefenen op
(zich) uitspreken over/voor
uitzien naar/op

v
vallen op
vasthouden aan *
vechten met/om/tegen/voor
veranderen aan/in
(zich) verbazen over
(zich) verbinden tot
verdelen in/onder/over
(zich) verenigen in/met
vergelijken met
(zich) vergissen in
(zich) verheugen op/over
verlangen naar
verliezen van
(zich) verontschuldigen voor
(zich) verplichten tot

verschillen in/van
versterken in
vertellen over/van
vertrouwen op
vervullen met
verwachten van
(zich) verwonderen over
(zich) verzekeren tegen/van
(zich) verzetten tegen
vinden van
vluchten voor
voelen voor
voldoen aan
volgen op/uit
(zich) voorbereiden op/voor
voorzien in/van
vragen naar
vrezen voor
vullen met

w
waarschuwen voor
wachten met/op
(zich) wagen aan
wennen aan
werken aan/voor
weten van
wijzen op
winnen van

z
zakken voor
zorgen voor
zwijgen over

Andere combinaties met een (vaste) prepositie

a
in **aanraking** komen *met*
afhankelijk zijn *van*
over het **algemeen**

b
bang zijn *voor*
op **basis** *van*
behoefte hebben *aan*
benieuwd zijn *naar*
bezig zijn *met*
bezwaar hebben *tegen*
de **bocht** *om* komen/gaan

c
tot de **conclusie** komen
contact hebben *met*

d
de **dupe** worden/zijn *van*
deel uitmaken *van*
iemand *van* **dienst** zijn *met*

e
het **eens** zijn *met*
ervaring hebben *met*

f
in **feite**

g
gebruik maken *van*
gehoor geven *aan*
geïnteresseerd zijn *in*
gericht zijn *op*
in elk **geval**
door de **grond** zakken

h
het **hebben** *over*
een **hekel** hebben *aan*

i
op **initiatief** *van*
invloed hebben *op*

j
jaloers zijn *op*

k
op eigen **kracht**

l
last hebben *van*
lid zijn *van*
in de **loop** der jaren

m
te **maken** hebben/krijgen *met*
van **mening** zijn
moeite hebben *met*

o
ten **opzichte** *van*
overtuigd zijn *van*

p
met **pensioen** gaan

r
rekening houden *met*
in alle **rust**

s
in elkaar **slaan**
er is **sprake** *van*

t
naar volle **tevredenheid**
toe zijn *aan*
trots zijn *op*

u
tot **uitdrukking** brengen

Andere combinaties met een (vaste) prepositie

v
uit elkaar **vallen**
verantwoordelijk zijn *voor*
in **verhouding** *tot*
verliefd zijn / worden *op*
na **verloop** van tijd
verstand hebben *van*
in de **verte**

de **voorkeur** geven *aan*
vragen stellen *aan*

z
zich **zorgen** maken *over*

Grammaticale begrippen

a

adjectief	bijvoeglijk naamwoord	een **nieuwe** computer
adverbium	bijwoord	Hij woont **hier**.
		Ze loopt **snel**.
accent	klemtoon	Ze hebben **één** kind.
artikel	lidwoord	**de, het ('t), een ('n)**
definiet	bepaald	**de, het ('t)**
indefiniet	onbepaald	**een ('n)**

c

comparatief	vergrotende trap	Jan is **ouder** dan Petra.
conjunctie	voegwoord	**en, maar, omdat, …**
coördinerend	nevenschikkend	Ik wil naar huis **want** ik ben moe.
subordinerend	onderschikkend	Ik wil naar huis **omdat** ik moe ben.
conditionalis	*hier:* zou/zouden + infinitief	Dat **zou** leuk **zijn**.
consonant	medeklinker	**b, c, d, f …**

d

declinatie	verbuiging	het kleine kind
diminutief	verkleinwoord	het **boekje**
direct object	lijdend voorwerp	Jaap geeft Marieke **het boek**.

f

futurum	onvoltooid tegenwoordig toekomende tijd	Ze **zal** een jaar in Spanje **blijven**.

g

genus	woordgeslacht	
masculinum	mannelijk	de stoel
femininum	vrouwelijk	de verkoudheid
neutrum	onzijdig	het boek

i

imperatief	gebiedende wijs	**Kom** hier!
imperfectum	onvoltooid verleden tijd	We **woonden** in een gezellig huisje.
indirect object	meewerkend voorwerp	Jaap geeft **Marieke** het boek.
infinitief	onbepaalde wijs, hele werkwoord	**wonen, gaan, …**
interrogativum	vraagwoord	**wie, wat, waarom, …**
inversie	subject na verbum finitum	Morgen **ga ik** naar Den Haag.

n

negatie	ontkenning	Ans is **niet** sportief.
		Dat is **geen** probleem!
numerale	telwoord	
cardinale	hoofdtelwoord	**1, 2, 3, …**
ordinale	rangtelwoord	**eerste, tweede, …**

o

orthografie	spelling	s-p-e-l-l-i-n-g

Grammaticale begrippen

p

participium	(voltooid) deelwoord	Ik heb koffie **gezet**.
passivum	lijdende vorm	Vandaag **wordt** Cees **geopereerd**.
perfectum	voltooid tegenwoordige tijd	Ik **heb** koffie **gezet**.
pluralis	meervoud	het boek – **de boeken**
prefix	voorvoegsel	**ge-, ver-, her-, ont-,** ...
prepositie	voorzetsel	**in, aan, uit, op, met** ...
presens	onvoltooid tegenwoordige tijd	Rick **leest** een boek.
pronomen	voornaamwoord	
demonstrativum	aanwijzend	Wat kosten **die** appels?
personale	persoonlijk	**ik, je, u, hij,** ...
possessivum	bezittelijk	Wat is **uw** adres?
reflexivum	wederkerend	Edith kleedt **zich** aan.
relativum	betrekkelijk	De man **die** ...

s

singularis	enkelvoud	**het boek** – de boeken
subject	onderwerp	**Jaap** geeft Marieke het boek.
substantief	zelfstandig naamwoord	**boek, huis, kind,** ...
suffix	achtervoegsel	**-ing, -heid, -baar, -loos,** ...
superlatief	overtreffende trap	het **grootste** huis
syllabe	lettergreep	**wo – nen, let - ter**

v

verbum	werkwoord	wonen, gaan, praten, ...
modaal	hulpwerkwoord	**kunnen, mogen, willen,** ...
reflexief	wederkerend	**zich vergissen,** ...
separabel	scheidbaar	**opstaan:** Ze **staat** om zes uur **op**.
verbum finitum	persoonsvorm	ik **ben**, jij **bent**, ...
vocaal	klinker	**a, e, i,** ...

Idiomatische uitdrukkingen

(I) = uit: Van Dale Idioomwoordenboek, Van Dale Lexicografie, Utrecht/Antwerpen, Uitgeversmaatschappij The Reader's Digest NV, Amsterdam/Brussel, 1999

(D) = uit: Van Dale Groot woordenboek der Nederlandse taal door G. Geerts en C.A. den Boon [hoofdred.], in samenw. met D. Geeraerts...[et al.].- Utrecht: Van Dale Lexicografie, dertiende uitgave 1999

een onderwerp *aansnijden*	Beginnen te spreken over een onderwerp. (D)
Ik zou graag tegen de buren zeggen dat we vaak last hebben van hun katten, maar ik durf het onderwerp niet goed aan te snijden.	
aan het goede / juiste *adres* zijn	Zich tot de juiste persoon of instelling gericht hebben. Bij die persoon of instelling valt namelijk iets te bereiken. Je kunt natuurlijk ook *aan het verkeerde adres zijn*, daar krijg je niet wat je hebben wilt. (I)
Als je wat over Spanje wilt weten, ben je bij Marlies aan het goede adres; zij heeft daar twee jaar gewoond.	
het maakt geen *bal* uit	Geen bal betekent: helemaal niets. (I)
Het maakt geen bal uit of je met de trein gaat of met de auto, je komt toch te laat; de trein heeft altijd vertraging en met de auto sta je in de file!	
(iemand) een *complimentje* maken	(iemand) Prijzen, loffelijke woorden zeggen. (D)
Na afloop van de vergadering maakte mijn baas me een complimentje. Hij vond dat ik het probleem uitstekend had opgelost.	
iets van de *daken* schreeuwen	Iets tegen iedereen vertellen. De uitdrukking is gebaseerd op een passage uit de bijbel (Mattheus 10:27). Christus zendt twaalf apostelen de wereld in: 'Hetgeen ik u zeg in de duisternis, zegt het in het licht; en hetgeen gij hoort in het oor, predikt dat op de daken'. De daken van oosterse huizen waren (en zijn) plat, zodat men van daar goed een menigte kon toespreken. (I)
Ik ben zó blij dat ik eindelijk een andere baan heb gevonden dat ik het wel van de daken zou willen schreeuwen.	

Idiomatische uitdrukkingen

iemand een *dienst* bewijzen — Iemand helpen. Je kunt ook *iemand een slechte dienst bewijzen*: dan denk je dat je iemand helpt, terwijl het uiteindelijke effect is dat je hem benadeelt. 'Bewijzen' betekent hier 'iemand iets laten ondervinden'. (I)

Je zou me echt een dienst bewijzen als je deze tekst zou controleren. Ik heb hem al zo vaak gelezen dat ik niet meer zie of er nog fouten in staan.

---

de *doorslag* geven — Dat geeft de doorslag: dat beslist de zaak. Het gaat om een situatie waarin iets nog verschillende kanten op kan gaan. De factor die *de doorslag* geeft (oftewel: *de doorslaggevende factor*) beslist wat de uitkomst wordt. De uitdrukking is gebaseerd op het beeld van een weegschaal waarvan een van de schalen [...] doorslaat naar de zwaarste kant [...]. Iets dat de doorslag geeft is dus zwaarder dan dat wat zich in de andere schaal bevindt. (I)

Ik heb die baan helaas niet gekregen. Ik had dezelfde opleiding als die andere sollicitant, maar die had meer ervaring. Dat gaf de doorslag.

---

het *draait* om... — ... is het middelpunt, het belangrijkste.

Vroeger draaide het bij Jan alleen maar om zijn werk. Tegenwoordig besteedt hij veel meer tijd en aandacht aan de kinderen en zijn hobby's.

---

geen *erg* hebben in — Iets niet merken. [...] Het woord 'erg' is hier het oude, zelfstandig gebruikte bijvoeglijk naamwoord *erg*. Het betekende 'boze bedoeling' en later 'kwaad vermoeden', 'argwaan'. [...] (I)

Pim is morgen jarig. Zijn cadeautjes liggen al een week onder zijn bed, maar hij heeft er geen erg in.

***ertegen* kunnen** — Het bedoelde kunnen verduren of verdragen. (D)

Het is al maanden erg druk op mijn werk. Ik kon er bijna niet meer van slapen. Toen heb ik een paar dagen vrij genomen en nu kan ik er weer tegen.

***ervandoor* gaan** — Snel weggaan, ontvluchten. (D)

Ik vind het erg gezellig maar als ik er nu niet vandoor ga, dan mis ik mijn trein.

---

zijn eigen *gang* gaan — Zijn eigen zin doen, zonder zich aan anderen te storen. (D)

We hebben Suzan als zo vaak gevraagd of ze ook eens rekening met ons wil houden. Maar ze doet precies waar ze zin in heeft, ze gaat gewoon haar eigen gang.

Idiomatische uitdrukkingen

in een (zwart) *gat* vallen Plotseling in een als uitzichtloos ervaren situatie terechtkomen [...] na een ingrijpende gebeurtenis of een hectische tijd, maar ook bij plotselinge werkloosheid, het pensioen of als de kinderen de deur uit gaan. Soms is het nog erger en wordt het gat *donker* genoemd, *duister* of *zwart*. (I)

Na de dood van haar man is Ans in een zwart gat gevallen. Ze had geen plezier meer in het leven en ze had nergens meer zin in. Nu gaat het gelukkig weer wat beter met haar.

---

iets (niet) in de *gaten* hebben Iets doorhebben, doorzien. De *gaten* zijn hier misschien de openingen in het vizier van een vuurwapen, waardoor de schutter in staat is het wapen goed te richten. Maar natuurlijk kunnen ook de ogen zijn bedoeld. (I)

Op het station vroeg iemand of ik hem even kon helpen. Hij wist niet welke trein hij moest nemen. Ik had het niet in de gaten maar dat bleek een truc te zijn; terwijl ik het hem uitlegde werd door iemand anders mijn tas gestolen!

---

door de *grond* zakken / gaan Zich diep schamen. [...] (I)

Ik moest een presentatie geven bij een bedrijf. Toen ik daar vanochtend aankwam, bleek dat de afspraak gisteren was! Ik kon wel door de grond zakken!

---

uit de *hand* lopen Het is niet meer te beheersen; het gaat helemaal mis. Als iets erg misgaat *loopt het totaal* of *finaal uit de hand*. Een informelere versie is: *het loopt uit de klauwen* of, als het erger is *gierend uit de klauwen*. De uitdrukking is het tegenovergesteld van *iets in de hand hebben of houden*.(I)

Tijdens de demonstratie gisteren begon een aantal mensen met stenen te gooien. Toen is het totaal uit de hand gelopen. Uiteindelijk zijn er dertig mensen gearresteerd.

---

er is meer tussen *hemel* en aarde Er bestaat meer dan men met de gewone zintuigen kan waarnemen. De uitdrukking wordt gebruikt voor een (paranormaal) verschijnsel dat 'niet tot de kennis van de hemel en de aarde behoort', omdat de wetenschap [...] er geen verklaring voor heeft.[...] (I)

Toen ik vanochtend aan Lisa liep te denken, belde ze me op. Dat gebeurt wel vaker. Ik denk dat het toeval is, maar Lisa denkt dat er meer is tussen hemel en aarde.

Idiomatische uitdrukkingen

op de *hoogte* houden (van) — Geïnformeerd houden. *Op de hoogte* kan ook met andere werkwoorden worden gecombineerd: *op de hoogte zijn van iets* (ergens van afweten, erover geïnformeerd zijn, ermee bekend zijn), *iemand op de hoogte brengen of stellen* (hem informeren), *op de hoogte blijven* (het nieuws, de ontwikkelingen bijhouden). De uitdrukking komt uit de zeevaart. *Hoogte* was hier *poolshoogte*, de breedte waarop het schip zich bevindt, gemeten ten opzichte van de poolster. De uitdrukking wil dus zeggen: 'weten waar je bent ten opzichte van de poolster'. (I)

⊙ Ik wil graag weten hoe de directeur reageert op ons voorstel, dus bel me straks maar even.
● Dat zal ik doen. Ik houd je op de hoogte van de ontwikkelingen.

---

het *huis* uitgaan — Het ouderlijk huis verlaten om zelfstandig te gaan wonen. (I)

Mijn dochters zijn vorig jaar het huis uitgegaan. De ene woont nu in Den Haag, de andere in Maastricht.

---

open *kaart* spelen — Eerlijk zijn, niets verbergen of achterhouden. Letterlijk betekent het: je kaarten aan de tegenpartij laten zien, zodat duidelijk is wat er van je te verwachten valt. (I)

Ik heb met Huub gesproken maar ik weet niet precies wat hij van plan is. Ik denk niet dat hij open kaart speelt tegen ons.

---

iets onder de *knie* hebben — Iets goed weten of kennen, zich iets goed eigen gemaakt hebben. Het beeld in deze uitdrukking is misschien ontleend aan het worstelen, waarbij de overwinnaar de overwonnene de knie op de borst zet. [...] Later is men de uitdrukking vooral in figuurlijke zin gaan gebruiken voor het goed beheersen van vaardigheden, kennis, wetenschappen. (I)

Een half jaar geleden wist mijn moeder nog helemaal niets van computers. Maar sinds ze die cursus heeft gedaan, heeft ze het helemaal onder de knie; we mailen elkaar nu bijna elke dag.

---

voor de *kost* zorgen — Werken om in zijn levensonderhoud te kunnen voorzien. Synonieme uitdrukkingen zijn: *de kost verdienen, zijn brood verdienen*. Iemand die dit doet, is *kostwinner*. *Kost* betekent hier levensonderhoud. (I)

Vroeger was het normaal dat de man voor de kost zorgde en de vrouw thuisbleef bij de kinderen. Tegenwoordig hebben vaak zowel de vrouw als de man een baan.

159

Idiomatische uitdrukkingen

de *kriebels* krijgen   Onrustig worden, opgewonden raken. De kriebels kunnen zowel aangename als vervelende vibraties zijn. Je kunt ze krijgen van ergernis en stress, maar ook van verliefdheid of een spannende onderneming. (I)

Ik krijg de kriebels van Els! Ze denkt dat ze alles beter weet en ze bemoeit zich overal mee!

de kleine *lettertjes*   (belangrijke, maar vaak slecht gelezen) Tekst in een klein lettertype op polissen, overeenkomsten e.d. (D)

Henk dacht dat de verzekering de schade aan zijn camera zou betalen. Maar als hij de kleine lettertjes goed had gelezen, had hij kunnen weten dat dat niet het geval was.

met iets in de *maag* zitten   Iets een moeilijk probleem vinden, dat niet makkelijk op te lossen is. Als het heel erg is, zit men *er lelijk mee in zijn maag*. (I)

Het bedrijf waar Joris werkt, wordt gereorganiseerd. Daardoor raakt hij waarschijnlijk zijn baan kwijt. Dan krijgt hij wel een uitkering, maar daar kan hij de huur niet van betalen. Daar zit hij lelijk mee in zijn maag.

de *moed* opgeven   Ontmoedigd raken. Varianten zijn: *de moed laten zakken, de moed verliezen*. Ook: *de moed zonk hem in de schoenen*. Daartegenover staat: *de moed erin houden*: niet opgeven, dapper volhouden. (I)

Ik heb al zo vaak tegen Hans gezegd dat ik niets voor hem voel. Maar hij geeft de moed niet op; gisteren belde hij me weer om te vragen of ik mee naar de film ging!

voor 't *oprapen* liggen   Overvloedig aanwezig zijn. Er wordt mee aangegeven dat iets heel bereikbaar, dichtbij of gemakkelijk te krijgen is; je hoeft er niet meer moeite voor te doen dan te bukken en het op te pakken.

Ik snap niet dat hij nog steeds geen werk heeft gevonden. De kranten staan vol met advertenties, de banen liggen gewoon voor het oprapen!

ergens *overheen* komen   Iets verwerken, er geen last of verdriet meer van hebben.

Janneke was altijd bang in het donker. We hebben toen een schakelaar bij haar bed gemaakt zodat ze zelf het licht aan en uit kon doen. Zo is ze over haar angst heen gekomen.

aan de *praat* houden   Iemand ophouden door tegen hem te blijven praten. De uitdrukking wordt vaak gebruikt als excuus voor te laat komen. (I)

Mijn vriendin heeft me de hele avond aan de praat gehouden. Daardoor had ik geen tijd meer om huiswerk te maken.

Idiomatische uitdrukkingen

een *praatje* maken — Een kort gesprek voeren over wat alledaagse dingen. (D)

Mijn buurvrouw komt vaak even een praatje maken. We praten dan meestal over de kinderen, over het werk of de dingen die in de straat gebeuren.

het stalen *ros* — Een schertsende benaming voor een fiets. [...] Een ros is een paard. De overeenkomst tussen het paard en de fiets is dat het vervoersmiddelen zijn.(I)

Vandaag laat ik de auto thuis en ga ik op mijn stalen ros naar mijn werk. Het is tenslotte maar een kwartiertje fietsen.

iets / iemand de *rug* toekeren — Iets of iemand verlaten, niets meer met iets of iemand te maken willen hebben. Als je iemand letterlijk de rug toekeert, draai je je om en loop je bij hem weg. (I)

Freek ruzie heeft gehad met het bestuur en nu heeft hij de vereniging definitief de rug toegekeerd.

de *sigaar* zijn — Het slachtoffer zijn. Soortgelijke uitdrukkingen zijn: *de dupe zijn, de pineut zijn.*[...] (I)

Vorige week is mijn fiets gestolen en vanmorgen mijn portemonnee. Ik ben ook altijd de sigaar!

aan de *slag* gaan — Aan het werk gaan. Als je aan de slag gaat kan dat betekenen dat je aan een klus begint, maar ook dat je een baan hebt gevonden. [...] (I)

Ik heb nog één week vakantie. Volgende week ga ik weer aan de slag.

iemand op *sleeptouw* nemen — Iemand overal mee naartoe nemen. De uitdrukking suggereert dat degene die op sleeptouw wordt genomen weinig inbreng heeft: hij zou het niet uit zichzelf, op eigen kracht doen. Het sleeptouw uit deze uitdrukking is de kabel waaraan sleepboten grotere schepen de haven in en uit slepen. (I)

Mijn moeder zit vaak alleen. Daarom heb ik haar een dagje op sleeptouw genomen. We hebben samen gewinkeld, een terrasje gepikt en we zijn naar de film geweest.

een *stap* in de goede richting — Een kleine vooruitgang, verbetering. Het brengt het uiteindelijke doel iets dichterbij, maar er is wel meer nodig om het doel te bereiken.(I)

We zijn ons nieuwe huis aan het verbouwen. De badkamer is nu klaar. Dat is een stap in de goede richting, maar er moet nog veel gebeuren voordat we er kunnen wonen.

Idiomatische uitdrukkingen

de meeste *stemmen* gelden De mening van de meerderheid beslist. (D)

Voor het uitstapje met ons bedrijf konden we kiezen tussen paardrijden en een stadswandeling. We hebben erover gestemd en de meerderheid wilde liever paardrijden. We gaan dus paardrijden want de meeste stemmen gelden, niet waar?

---

iemand *tegemoet* komen Iemand (financieel) helpen, [...] het iemand gemakkelijk maken. (D)

Peter wil niet het volledige bedrag betalen maar hij wil me wel tegemoet komen door de helft van het bedrag te betalen.

---

met zijn *tijd* meegaan Zich aanpassen aan met de tijd veranderende gewoonten. Het gaat hierbij meestal om zaken of personen die al wat ouder zijn, maar die in staat zijn nieuwe ontwikkelingen te verwerken en er hun voordeel mee te doen. (I)

Mijn opa is altijd met zijn tijd meegegaan. Hij heeft hele moderne opvattingen en hij heeft nu zelfs een computer gekocht, zodat hij kan mailen met mijn tante in Australië.

---

in *twijfel* trekken Betwijfelen. Een andere uitdrukking hiervoor is: *ergens vraagtekens bij zetten*. Meestal is het de kwaliteit of uitkomst van iets, of de waarheid of echtheid die *in twijfel getrokken wordt*. (I)

Sommige commissieleden vinden dat het onderzoek niet nauwkeurig genoeg was. Daarom trekken ze de resultaten van het onderzoek in twijfel.

---

op de *tocht* staan Gevaar lopen, waarschijnlijk niet doorgaan. Meestal zijn het *banen* die op de tocht staan. [...] De uitdrukking verwijst naar de oude volkswijsheid dat het ongezond is om op de tocht te staan of te zitten (in verband met een grotere kans op verkoudheid en reuma). (I)

De directeur vond ons voorstel veel te duur. Daardoor staat nu het hele plan op de tocht. Voor minder geld kunnen we het plan namelijk niet realiseren.

---

groene *vingers* hebben Goed met planten kunnen omgaan (I)

Jaap heeft echt groene vingers; zijn tuin ziet er weer prachtig uit!

---

zich als een *vis* in het water voelen Het volkomen naar zijn zin hebben, zich ergens volkomen op zijn gemak voelen omdat je precies kunt doen waar je goed in bent of wat bij je past. Een synoniem is: *in zijn element zijn*. (I)

Ik ben erg tevreden met mijn nieuwe baan. Dit is precies het werk dat ik graag doe. Ik voel me hier werkelijk als een vis in het water.

Idiomatische uitdrukkingen

zich het *vuur* uit de sloffen lopen Zich heel erg uitsloven voor iets of iemand. (I)

Als je Vincent vraagt of hij iets voor je wil doen, loopt hij zich altijd het vuur uit de sloffen om het zo goed mogelijk voor je te regelen.

---

niet *wakker* liggen van Zich geen zorgen maken over iets. Iemand die ergens over piekert, kan daar vaak niet van slapen en ligt er dus wakker van. Als je ergens *niet van wakker ligt*, maak je je er niet zo druk om dat je er niet van kunt slapen. (I)

Hans is al drie maanden werkloos maar daar ligt hij niet wakker van. Hij is ervan overtuigd dat hij binnen een half jaar een baan heeft gevonden.

---

het (niet) *zien* zitten Ergens (geen) goede verwachtingen van hebben. Als je iets ziet zitten, lijkt het je nuttig of leuk en denk je dat het een succes wordt. (I)

Joke wilde graag naar Indonesië op vakantie maar Maarten zag dat niet zitten. Hij houdt niet zo van reizen.

---

aan de *zijlijn* staan Er niet bij betrokken zijn. (D)

De directie heeft niet eens onze mening gevraagd over de reorganisatie. We staan gewoon aan de zijlijn!

---

het naar zijn *zin* hebben Het fijn hebben, tevreden zijn. (D)

Ik heb leuke collega's, een fijne werkplek en een goed salaris. Ik heb het dus erg naar mijn in op het werk.

---

zwaar tillen aan Iets belangrijk vinden. Er wordt mee aangegeven dat je je bezorgd maakt, dat je iets een groot probleem vindt. Het tegenovergestelde: *niet zo zwaar tillen aan iets* betekent dat je iets niet zo belangrijk vindt. (I)

Jij maakt je altijd meteen zo veel zorgen! Dat is helemaal niet nodig; ik weet zeker dat er een oplossing voor dit probleem komt. Je moet er niet zo zwaar aan tillen.

Sleutel

Les 1

Uitleg

1 Syntaxis: hoofdzin

(Saskia) houdt
ontmoet (je)
(ik) ken
(mijn vriendin) komt
zijn (we)
ben (je)
woont (je broer)

	verbum finitum		
Saskia	**houdt**		heel erg van fotograferen.
In het café	**ontmoet**	je	altijd veel nieuwe mensen.
Ik	**ken**		Jos al jaren.
Mijn vriendin	**komt**		vanavond wat later.
Vanwege het slechte weer	**zijn**	we	dit jaar niet op vakantie geweest.
	Ben	je	hier met de auto?
Waar	**woont**	je broer	tegenwoordig?

Meestal staat het subject **voor** verbum finitum.

Soms begint de zin niet met het subject, maar met een ander zinsdeel. Dan staat het subject **na** het verbum finitum. Dat noem je inversie.

2 Interrogativa

Welk in combinatie met een **de-woord** krijgt een –e aan het eind.

Waar houdt Annie van? / Waarvan houdt Annie?
Waar zitten jouw belangrijke papieren in? / Waarin zitten jouw belangrijke papieren?

3 De indirecte vraag

... hoelang hij haar al <u>kent</u>.
... wanneer de laatste trein naar Amsterdam <u>gaat</u>.
... waar ik hem eerder <u>heb gezien</u>.
... waarom er vandaag geen treinen <u>rijden</u>.
... wie je <u>hebt uitgenodigd</u>.

In een indirecte vraag staan de verba **aan het eind van de zin**.

Oefeningen

1

Wanneer?	Hoelang?	Hoe vaak?
deze week	een half uurtje	soms
van tevoren	drie maanden	drie keer per week
dadelijk	de hele avond	heel af en toe
morgen	een minuut of tien	om de dag
nu	eindeloos	regelmatig
in 2002	een week of twee	vier keer per jaar
een jaartje geleden		driemaal daags
eerder dit jaar		
komende maand		

2
Peter en Erna:
hoelang, hoe, Wat, waar ... mee, Waar ... over

Mie en Dick:
waar ... vandaan, waarom, Wat voor, Met welke

Saskia en Robert-Jan:
waar ... aan, Waar ... naartoe, Wanneer, wie

4
Gesprek 1
1. van tevoren
Gesprek 3
2. druk
3. coördinator van de sportclubs
Gesprek 4
4. (vlakbij) Oldenburg
5. een jaar of twintig geleden
Gesprek 5
6. een winkelcentrum
7. In het begin wel, maar nu niet meer.

Gesprek 1
Jasper: Lekker, zeg!
Joke: Dank je, echt?! Het is de eerste keer dat ik die gemaakt heb.
Jasper: Nou, dan is het je prima gelukt, hoor! Heerlijk.
Joke: Heerlijk?
Jasper: Uitstekend, fantastisch, geweldig!
Joke: Nou, niet zo overdrijven, hoor. "Fantastisch" is genoeg. Zeg, heb je deze week even tijd? Ik heb een nieuwe computer en weet ik niet hoe ik het internet moet aansluiten.
Jasper: Ja hoor, komt voor mekaar. Wanneer ben je thuis?
Joke: Even kijken, woensdag, donderdag avond.
Jasper: Goed, ik bel je wel even van tevoren.
Joke: Je bent een schat!

Gesprek 2
Lea: Wij kennen elkaar nog niet!
Ariëtte: Nee, ik ben Ariëtte, de vriendin van Frank.
Lea: Ik ben Lea. Hé, wat leuk dat je er bent.
Ariëtte: Bedankt, dat vind ik ook. Eindelijk ontmoet ik eens een keer wat collega's van Frank!
Lea: Hé, proost! Op je gezondheid.
Ariëtte: Proost!

Gesprek 3
Remco: En, hoe gaat het met je?
Gerrit: Pffffff, nou ja het gaat zo z'n gangetje.
Remco: Nou dat klinkt ook niet echt vrolijk.
Gerrit: Nee joh ... ik heb het gewoon ontzettend druk op mijn werk.
Remco: Vertel eens, wat is er?
Gerrit: Nou, ik moet maandag een presentatie geven ...
Remco: Een presentatie?
Gerrit: Ja, weet je wel? Over die nieuwe machine die we hebben gemaakt.
Remco: Oh ja, ja, ja, nou weet ik het weer.
Gerrit: Nou ja in ieder geval, ik heb nog niet alle informatie binnen en nou kan ik het weekend doorwerken om die presentatie af te krijgen.
Remco: Vervelend, zeg, dat wordt overuren schrijven ...
Gerrit; Nou, en dat met dat mooie weer ... Zeg, maar hoe gaat het eigenlijk met jou? Ik bedoel, werk je nog steeds bij de Gemeente?

164

Remco:	Nee, nee, maar dat was maar een tijdelijke baantje, maar dat was wel hartstikke leuk zeg.
Gerrit:	Je deed toch iets met gehandicaptensport of zo?
Remco:	Ja, klopt; ik was coördinator van de sportclubs ...
Gerrit:	Leuk zeg, en wat doe je nou?
Remco:	Nou, ik ben eigenlijk op zoek naar een nieuwe baan. Ik heb wel een aanbieding, hoor.
Gerrit:	Wat dan?
Remco:	Iets heel anders, manager bij een adviesbureau.
Gerrit:	Tjonge, jonge, jonge, toe maar, da's iets heel anders. En lijkt het je wat?
Remco:	Nou, leuk salaris, auto, laptop van de zaak en zo, maar wel 50 uur per week werken hè, jong bedrijf, je kent het wel.
Gerrit:	Och, hou d'r over op, ja, dat moet je wel willen!
Remco:	Ja, klopt, dat is het.
Gerrit:	Nou, ik ben wel benieuwd hoe het afloopt.
Remco:	Ik wil je wel op de hoogte houden, heb je een visitekaartje voor me?
Gerrit:	Ja tuurlijk, tuurlijk, hier.
Remco:	Dank je, ik ga eens even bij de jarige job kijken.
Gerrit:	Oké, tot kijk.
Remco:	Ja. Tot kijk.

Gesprek 4
Hein:	En waar kom jij vandaan?
Nathalie:	Uit Oldenburg.
Hein:	Oldenburg? Woon je daar?
Nathalie:	Ja, hoezo?
Hein:	Nou, je spreekt perfect Nederlands. Zou je helemaal niet zeggen, dat jij Duitse bent.
Nathalie:	Ik heb Nederlands op school gehad en mijn man is ook Nederlander.
Hein:	Oh, op die manier, dus je woont hier toch of heb ik het nou niet goed begrepen?
Nathalie:	Nee hoor, we wonen nog vlakbij Oldenburg. Maar we zijn wel een keer of twee per maand in Groningen. Daar komt mijn man vandaan.
Hein:	Groningen? Wat grappig, daar heb ik gestudeerd. Geweldige stad.
Nathalie:	Oh, ik weet er alles van, ik heb er namelijk ook een jaar gestudeerd. Trouwens, wanneer zat jij daar eigenlijk als ik vragen mag?
Hein:	Nou, ehh pff ... Even nadenken hoor, dat is toch zeker een jaar of twintig geleden. En jij?
Nathalie:	Oh, 5 jaar geleden heb biologie in Groningen gestudeerd, ik was uitwisselingsstudent.
Hein:	Biologie! Goh, ik wist helemaal niet dat dat mogelijk was?
Nathalie:	Ja, hoor en ik heb een hele leuke tijd in Groningen gehad.
Hein;	Ja, dat kan ik me goed voorstellen, 't is een hartstikke leuke stad.
Nathalie:	Ja, veel restaurantjes ...
Hein:	... en hele gezellige kroegen.
Nathalie:	Zeg, ken je mijn man al?
Hein:	Nee, eerlijk gezegd niet, wie is het?
Nathalie:	Nou, zie je die man die naast die jongen zit?
Hein:	Oh die, in die rolstoel?
Nathalie:	Ja, die.
Hein:	Die is het dus. Hoe heet hij?
Nathalie:	Willem, lekker Hollands, hé?
Hein:	Inderdaad, goh, hé, eh ik ga even wat te drinken halen, wil je ook wat?
Nathalie:	Nee, dank je, ik heb net.
Hein:	Oké, ga ik meteen even je man een hand geven.
Nathalie:	Oké, hé, tot zo, hè.
Hein:	Tot zo ...

Gesprek 5
Eddy:	Ja, ik woon sinds september bij de familie Delmers.
Willem:	En, je zit hier ook op school?
Eddy:	Ja, ik zit op het Erasmuscollege hier in de buurt. Die scholengemeenschap, weet je wel?
Willem:	Ja, die ken ik wel, vlakbij dat winkelcentrum toch?
Eddy:	Ja, klopt.
Willem:	Wat leuk! We hebben ook eens een uitwisselingsstudent gehad. En hoe vind je het op school? Is het niet moeilijk om al die lessen in het Nederlands te volgen?
Eddy:	Nou, het valt best mee. In het begin had ik wel problemen, maar nu, weet je wel, door mijn klasgenoten en tv en zo, dan leer je het heel snel.
Willem:	Had jij Nederlands dan op school in Duitsland?
Eddy:	Ja, drie jaar.
Willem:	Oh, nou snap ik het ...! En, wat doe je dan in je vrije tijd? Doe je aan sport of hou je meer van computeren?
Eddy:	Nou, een beetje surfen op het net vind ik wel grappig, maar ik sport ook twee of drie keer per week.
Willem:	Oh, wat doe je dan zoal?
Eddy:	Zwemmen, hardlopen, fietsen. Hé, we hebben het wel steeds over mij, maar eh, hoe zit dat bij jou?
Willem:	Met mij? Je bedoelt wat voor hobby's ik heb?
Eddy:	Ja.
Willem:	Nou, eh surfen vind ik ook wel leuk. ...

5
1. Ik wil weten hoelang Mary al in Groningen woont.
2. Ik begrijp niet waarom Paul boos is / Paul begrijpt niet waarom ik boos ben.
3. Bob en Marianne weten niet hoe zij bij het station kunnen komen.
4. Meneer Peters wil weten hoe laat morgen de vergadering begint. / ... hoe laat de vergadering morgen begint.
5. Ik vraag me af wanneer Lucy haar diploma zal krijgen.

7
Suggesties:
1. Ja, hoor, komt voor elkaar.
2. Goh! / Wat grappig!
3. Fijn om te horen.
4. Lekker, zeg!
5. Klopt. / Inderdaad.

8
1. verschrikkelijk, 2. vervelend, 3. heel lekker, 4. salaris, 5. genoeg, 6. zoenen, 7. kletsen, 8. fantastisch

9
1. c, 2. a, 3. b

10
vreemde, kwestie, woord, kans, basis, best, moeite

11
1. b, 2. a

man: Komt een man een café binnen en die bestelt vier borreltjes tegelijk en dat doet-ie een paar dagen achter elkaar, waarop die barman nieuwsgierig wordt. Dus op een gegeven moment vraagt hij: "Waarom bestelt u nou toch steeds vier borreltjes?" Zegt die man: "Nou, drie broers van mij die wonen in Australië. En we hadden afgesproken om elke dag om vijf uur een borreltje te gaan drinken." Maar op een dag bestelt die man drie borreltjes. Dus die barkeeper vraagt: "Is er wat gebeurd met een van uw broers?"

man: Komt een man voor het eerst bij de dokter. En op de deur van die dokter staat: "Eerste consult 30 euro, tweede consult 20 euro." Waarop de man naar binnen stapt en zegt:

12
1. naar, 2. met, 3. met, 4. over, 5. aan

13
1. was ... bezig met
2. het over hebben
3. is ... benieuwd naar
4. is het met ... eens
5. geeft de voorkeur aan

Les 2

Uitleg

1 Verwijzen

hij en hem in zin 1:
hij ➡ Frank
hem ➡ Frank

hem en hij in zin 2 en 3:
hem ➡ de telefoongids
hij ➡ de telefoongids

Met de pronomina personale **hij** en **hem** kun je verwijzen naar:
- **een mannelijke persoon**
- **een de-woord (ding, zaak)**.

het in zin 1:
het ➡ het koffiezetapparaat
het in zin 2:
het ➡ dat de vakantie van Willem en Marieke niet doorgaat

Met het pronomen personale **het** kun je verwijzen naar
- **een het-woord (ding, zaak)**
- **een zin**.

2 Separabele verba

UITnodigen – SCHOONmaken – ontMOEten – onderZOEken

Bij separabele verba ligt het accent **wel** op het prefix.
Bij verba die niet separabel zijn ligt het accent **niet** op het prefix.

3 Het adjectief

Wanneer het adjectief voor een **onbepaald het-woord** staat, krijgt het geen –e.

Oefeningen

1a
1. Die, 2. het, 3. hij, 4. hij, 5. hem, 6. Hij, 7. hij, 8. Dat

1b
1. haar, 2. Dat, 3. dat/het, 4. Dat, 5. ze, 6. ze, 7. dat, 8. Hij/Die, 9. hem

2
1. Ik heb al veel vakanties in Italië doorgebracht.
2. Ik zeg het feestje af want ik ben ziek.
3. Wat neem jij mee op vakantie?
4. Wie heeft jullie dat restaurant aangeraden?
5. Dat moet ik eerst met mijn man overleggen.

3
1. historische, 2. monumentale, 3. verschillende, 4. historische, 5. schitterende, 6. belangrijke, 7. imposante, 8. bekende, 9. indrukwekkende, 10. ware, 11. andere, 12. fascinerende, 13. mysterieuze, 14. kolossale, 15. prachtige, 16. gevaarlijke, 17. extreme, 18. vorig, 19. nieuwe, 20. grotere

4
positief: doortastend, gul, slim, boeiend
negatief: chagrijnig, duur, raar, vervelend, lelijk

5
1. ijskoud, 2. keihard, 3. foeilelijk, 4. spotgoedkoop 5. peperduur, 6. knettergek, 7. stokoud, 8. piepjong 9. bloedserieus, 10. oersaai

6
1
het beste, vooral
2
algemene, en zo, laten zien, zit, van alles
3
vlak voor, drukt u, naartoe

1
Anne: Hé en als we met de auto de stad ingaan, waar kunnen we dan het beste parkeren?
Reinier: Onder het Plein. Onder het Plein is een parkeergarage, goeie service en vooral veilig.

2
Stefan: Zeg, maar kunnen jullie ons misschien nog vertellen, eh, waar we algemene informatie kunnen krijgen, dus, eh over de stad, over interessante tentoonstellingen, stadswandelingen en zo.
Martina: Ja hoor, dat is bij de VVV.
Anne: Aha, en waar is die? Kun je dat misschien even op de kaart laten zien?
Martina: Ja, eens even kijken. Nou, de VVV zit echt midden in de stad in het winkelgebied. Hier, zie je dat logootje?
Stefan: Ja. En, en daar hebben ze ook informatie over openingstijden van musea en zo?
Anne: Volgens mij hebben ze daar van alles, ook leuke gidsen, kaarten, souvenirs en zo.

3
Toeriste: Oh, nog een laatste vraag: Waar staan de treintaxi's?
Lokettiste: U kunt de treintaxihaltes vlak voor het station vinden. En als ik u nog een tip mag geven?
Toeriste: Ja, heel graag.

Lokettiste: Als er net geen treintaxi staat, drukt u dan op de knop bij de treintaxipaal. U kunt dan een taxi bestellen. U hoeft alleen maar te zeggen waar u naartoe wilt.
Toeriste: Oh, da's fijn, nou, hartelijk dank.
Lokettiste: Tot ziens.
Toeriste: Daaag.

7
Uitnodiging aannemen:
Ja, gezellig., Heel graag., Natuurlijk., Zeker weten., Geweldig!
Uitnodiging afzeggen:
Dat is jammer., Sorry, maar ..., Helaas, ik kan niet., Niets aan te doen., Het spijt me.

9
1. c, 2. a, 3. b

10
1. a, 3. c

11
1. c, 2. e, 3. d, 4. f, 5. a, 6. g, 7. b

12
1. inspreken, 2. afgezegd, 3. komt ... uit – afspreken, 4. bijgekomen, 5. voorkom

13
1. over, 2. van, 3. op, 4. aan, 5. van, 6. met

14
1. verheugt ... zich op
2. rekening houden met
3. windt zich op over
4. houdt van
5. is afhankelijk van
6. heeft ... behoefte aan

Les 3

Uitleg

1 Het pronomen relativum

Ik heb een nieuwe baan! Ik heb nu eindelijk werk gevonden dat ik leuk vind.
Hiervoor had ik namelijk een baan die ik niet zo leuk vond. Ik ben nu commercieel medewerker binnendienst.
Ik werk samen met een collega die dit werk al een paar jaar doet. Hij kan me dus veel uitleggen.
Op onze afdeling werkt ook een assistente. Het is een jong meisje dat net van school af is.
Verder zijn er nog twee buitendienstmedewerkers met wie ik veel contact heb.
Er is maar een nadeel: het gebouw waarin ik werk heeft geen airco. Dus 's zomers wordt het daar erg warm.

dat in regel 1 verwijst naar **werk**. Het antecedent is een het-woord.
die in regel 2 verwijst naar **baan**. Het antecedent is een de-woord.
die in regel 4 verwijst naar **collega**. Het antecedent is een de-woord.
dat in regel 5 verwijst naar **meisje**. Het antecedent is een het-woord.
wie in regel 6 verwijst naar **buitendienstmedewerkers**. Het antecedent is een persoon.
waar in regel 7 verwijst naar **gebouw**. Het antecedent is een zaak.

DIE	gebruik je om te verwijzen naar **de-woorden** als het antecedent een **persoon** of **zaak** is.
DAT	gebruik je om te verwijzen naar **het-woorden** als het antecedent **persoon** of **zaak** is.
PREPOSITIE + WIE	gebruik je om te verwijzen naar **personen**.
WAAR + PREPOSITIE	gebruik je om te verwijzen naar **zaken**.

1.1 Het pronomen relativum *wat*

Er is veel *wat* we nog moeten bespreken tijdens de vergadering.
→ veel
Organiseren is iets *wat* ik niet goed kan.
→ iets
Pieter gaat parttime werken, *wat* hij erg prettig vindt.
→ Pieter gaat parttime werken
Er is niets *wat* hij liever doet dan vergaderen!
→ niets
Er is maar weinig *wat* ik leuk vind aan mijn werk.
→ weinig

Het pronomen relativum *wat* verwijst naar
• een hele (bij)zin
• de onbepaalde telwoorden alles
                            veel
                            iets
                            niets
                            weinig

2 Het adverbium

1. Het was een **behoorlijk** drukke dag
2. Ik heb **lang** getelefoneerd met een klant in het buitenland.
3. We hebben **erg** hard gewerkt.

Het omcirkelde woord in zin 1 is een adjectief.
Het omcirkelde woord in zin 2 is een verbum.
Het omcirkelde woord in zin 3 is een adverbium.

Een adverbium geeft een kenmerk of eigenschap aan een
• adjectief
• verbum
• ander adverbium
De vorm van het adverbium verandert nooit.

Oefeningen

1
1. waarmee, 2. die, 3. die, 4. dat, 5. van wie, 6. waarin

2
1. De computer waarmee ik werk, heb ik via mijn werk gekocht.
2. In de krant staat een artikel over het bedrijf dat gisteren is afgebrand.
3. Daar staat de nieuwe directeur over wie Marieke gisteren vertelde.
4. Hier ligt de agenda die Eric niet kon vinden.
5. Daar loopt het meisje dat sinds kort op onze afdeling werkt.
6. Dit is de nieuwe collega die Ans gaat vervangen.
7. In dit gebouw is een speciale ruimte waarin we alle dossiers bewaren.
8. Zojuist belde de klant op wie Pim vanochtend een half uur heeft gewacht.

167

3
a) 1. de uitnodiging, 2. de afwisseling
b) 3. scheidbaar, 4. bereikbaar
c) 5. de snelheid, 6. de gastvrijheid

4
1. gastvrijheid, 2. afwisseling, 3. bereikbaar, 4. scheidbaar, 5. uitnodiging, 6. snelheid

5
1. Het bedrijf neemt geen personeel meer aan vanwege de financiële problemen./Vanwege de financiële problemen neemt het bedrijf geen personeel meer aan.
2. Mijn brief en CV licht ik graag toe in een persoonlijk gesprek./Graag licht ik mijn brief en CV in een persoonlijk gesprek toe.
3. Ik ben in 1996 afgestudeerd aan de Universiteit van Amsterdam./In 1996 ben ik afgestudeerd aan de Universiteit van Amsterdam.
4. In dit vak is het belangrijk dat je goed met dieren kunt omgaan.
5. Een psychologische test maakt vaak deel uit van een sollicitatieprocedure./Vaak maakt een psychologische test deel uit van een sollicitatieprocedure.

6
1. c, 2. e, 3. a, 4. g, 5. i, 6. j, 7. d, 8. f, 9. b, 10. h

7
1. helaas, 2. beroepsbevolking, 3. omscholen, 4. creatief, 5. streng, 6. geduldig, 7. werkomstandigheden

8
Suggesties:
1. Ik bel naar aanleiding van
2. Zou u mij misschien kunnen zeggen
3. Hebt u enig idee
4. Bovendien wilde ik nog graag weten
5. Hoe zit het trouwens
6. Dus ik kan ervan uitgaan
7. Zou het mogelijk zijn

9
1. Een uitnodiging voor zijn lezing.
2. Op 25 april aanstaande.
3. Voor meneer Kuijper.
4. Van half elf tot vijf.
5. Ja.

Margot:	AMM, met Margot Rakers, goedemorgen.
Hans:	Ja, goedemorgen mevrouw Rakers, met Hans Slimmer.
Margot:	Dag meneer Slimmer, hoe maakt u het?
Hans:	Nou, prima, dank u en u?
Margot:	Goed, wat kan ik voor u doen meneer Slimmer?
Hans:	Kunt u mij doorverbinden met meneer Kuiper?
Margot:	Het spijt me, meneer Kuiper is er vandaag helaas niet; hij heeft een vrije dag. Kan ik u misschien van dienst zijn?
Hans:	Nou, ik wil meneer Kuiper graag uitnodigen voor mijn lezing.
Margot:	Als u mij kunt zeggen waar en wanneer het is, dan noteer ik het even voorlopig in zijn agenda.
Hans:	Ja zeker. De lezing wordt op 25 april aanstaande gehouden in het Bilderberghotel in Zeist.
Margot:	Hoe laat begint het?
Hans:	Om half elf.
Margot:	Half elf, het staat in zijn agenda genoteerd en voor zover ik het nu kan zien, staat er nog geen afspraak gepland die dag. Wat is het onderwerp van uw lezing?
Hans:	Het onderwerp is e-commerce in Nederland.
Margot:	Kunt u mij nog vertellen hoe lang de lezing duurt?
Hans:	Nou, het programma zelf is om vijf uur afgelopen. Maar ik wilde meneer Kuiper uitnodigen om daarna nog aan het diner deel te nemen.
Margot:	O, ik zie hier een afspraak om half zeven staan.
Hans:	O, dat is jammer, dat wordt krap. Maar, er, mocht meneer Kuiper toch nog willen dineren, dan kan dat altijd geregeld worden.
Margot:	Goed, ik leg het aan meneer Kuiper voor. De lezing staat nu onder voorbehoud genoteerd.
Hans:	Oké. Ik stuur binnenkort de officiële uitnodiging met de routebeschrijving naar u toe en dan zie ik graag uw bevestiging tegemoet.
Margot:	Dank u wel, ik zal het aan meneer Kuiper voorleggen, u hoort nog van ons
Hans:	Dank u wel en de hartelijke groeten aan meneer Kuiper.
Margot:	Zal ik doen, hartelijk dank voor de uitnodiging en tot ziens meneer Slimmer.
Hans:	Tot ziens mevrouw Rakers.

10
b) 1. In de Volkskrant van 17 maart...
2. Ik werk al weer vijf jaar...
3. Een paar punten uit mijn loopbaan...
4. In mijn CV kunt u meer lezen...

13
1. met, 2. met, 3. over, 4. met

14
1. instemmen met 2. heeft moeite met 3. hebben ... te maken met 4. verbaas me over

Les 4

Uitleg

1 Hulpwerkwoorden in combinatie met de infinitief

Ik moet verhuizen. Ik heb namelijk een nieuwe baan in Assen gevonden. Ik wil daar een nieuw huis kopen. Ik zal er waarschijnlijk wel een tijdje mee bezig zijn, want in Assen staan niet zoveel huizen te koop die ik leuk vind. Ik kan natuurlijk een makelaar inschakelen, maar dat mag niet te veel kosten.

De belangrijkste modale hulpwerkwoorden zijn:
moeten
willen
zullen
kunnen
mogen

Wij gaan binnenkort verhuizen.
Petra komt naar ons nieuwe huis kijken.
Naomi blijft vannacht in Amsterdam slapen.
We laten een kennis het huis schilderen.
Ik zie die man elke dag hier door de straat lopen.
We horen de buurman 's avonds altijd pianospelen.
Ik voel de vloer trillen. Dat komt waarschijnlijk door de wasmachine.

Andere hulpwerkwoorden die je kunt combineren met een infinitief zijn:
gaan, komen, blijven, laten, zien, horen, voelen

	verbum finitum		infinitief van een modaal hulpwerkwoord	infinitief van een ander hulpwerkwoord	infinitief van het hoofdwerkwoord
Hij	wil	in de tuin	kunnen		zitten.
Onze kinderen	mogen	tot 7 uur buiten		blijven	spelen.
Onze kennissen	willen	zaterdag graag		komen	eten.
Zij	zullen	waarschijnlijk in mei		gaan	verhuizen.
We	kunnen	ook een pizza		laten	bezorgen.
Zij	zullen	wel bij Hans en Brigit	moeten	blijven	slapen.
Wij	zullen	ons oude huis	moeten	gaan	verkopen.
Tijdens mijn vakantie	wil	ik mijn post		laten	doorsturen.

Je hoeft je geen zorgen te maken over woonruimte; dat regelt het bedrijf voor je.
Ze durven hun kinderen 's avonds niet alleen te laten.
Onze buurvrouw ligt werkelijk de hele dag te zonnen.
Bas zit op de bank te lezen.
Ik sta al een kwartier op de trein te wachten.
Kaatje loopt de hele tijd te zeuren om een ijsje.

Hulpwerkwoorden die je moet combineren met *te* + *infinitief* zijn:
hoeven, durven, liggen, zitten, staan, lopen

1.1 De combinatie *(modaal) hulpwerkwoord + infinief* in het perfectum

Mijn man en ik hebben maanden lopen zoeken voordat we een huis vonden dat groot genoeg was en niet te duur. We hebben eerst een advertentie in de krant laten zetten, maar daar kregen we geen reactie op. Uiteindelijk is een buurvrouw ons komen vertellen dat er een eindje verderop een leuk huis te koop stond. We zijn meteen gaan kijken. We vonden het erg leuk en we gaan het waarschijnlijk deze week kopen.

Oefeningen

1
1. Daar **hoeven** we gelukkig niets meer aan **te** doen.
2. Ze **komen** volgende week vrijdag bij ons eten.
3. Zonder toestemming **mag** je namelijk je huis niet verbouwen.
4. Daarom **wil** ik er liever niets van zeggen.
5. hij **weigert te** betalen.

2
1. Hij probeert het probleem zo snel mogelijk op te lossen.
2. Ik moet in de zomer wel lekker buiten kunnen zitten.
3. willen we hier minstens twee jaar blijven wonen.
4. daar hoeven we niet meer over na te denken.
5. Hij zal daar waarschijnlijk in augustus moeten beginnen.

3
2. Anne en Rob hebben veel aan hun huis moeten verbouwen.
3. Ze zijn naar een nieuw appartement gaan kijken.
4. De woningbouwvereniging heeft geweigerd de reparaties te betalen.
5. Petra heeft de hele middag met de buurvrouw staan praten.
6. De kinderen hebben de hele avond op het pleintje kunnen spelen.

4
1. De hond van de buren heeft de hele nacht lopen blaffen.
2. De gemeente is de rotzooi nog steeds niet komen opruimen.
3. Hij is vergeten ons een kopie van het huurcontract te sturen.
4. Volgens mij heeft iedereen onze ruzie kunnen horen.
5. Wij hebben besloten ons huis tijdens onze wereldreis te verhuren.

5
Suggesties:
1. Ze hebben een ijsje lopen eten.
2. Ze heeft de krant zitten lezen.
3. Ze heeft liggen bellen.
4. Hij heeft een sigaret staan roken.
5. Ze hebben zitten kletsen.
6. Ze heeft haar haar staan kammen.

6
1. c, 2. f, 3. b, 4. d, 5. a, 6. e

7
1. de rust, 2. de klacht, 3. de ervaring, 4. de gebeurtenis, 5. de berekening, 6. de woning, 7. de roddel, 8. de verzorging, 9. de belevenis, 10. de samenstelling, 11. de presentatie

8
Fien: Ha die Els! Met Fien.
Els: Fien! Wat leuk dat je belt. Lang (1) **geleden** dat wij elkaar hebben gesproken, zeg!
Fien: Inderdaad, joh. Ik heb 't hartstikke druk gehad met verhuizen...
Els: Verhuizen? Waar zit je nu dan?
Fien: In Tiel. Frits heeft (2) **namelijk** een nieuwe baan in Rotterdam en ik werk nog steeds in Nijmegen, dus we hebben gekozen voor een centraal gelegen plaats.
Els: En? Heb je een leuk huis?
Fien: Ja joh, helemaal het einde! Het is een (3) **nieuwbouwhuis** met alles erop en eraan. We hebben een heerlijke tuin. Op het zuiden, dus de hele dag zon. Lekker joh! En wat zo leuk is, hij grenst aan het water, een soort meertje. (4) **Lekker** rustig en een prachtig uitzicht, dus. En we hebben een ruime woonkamer met openslaande tuindeuren.
Els: Dat klinkt fantastisch, zeg!
Fien: Dat is het ook. We hebben zo veel ruimte nu, vergeleken met (5) **ons** appartement in Arnhem! Boven hebben we drie slaapkamers en een luxe badkamer; met twee wastafels, een douche en een bubbelbad, stel je voor!

169

Els: En dan nog een grote zolder. Daar moeten we nog (6) **wel** wat aan doen. Frits wil daar een studeerkamer maken en ik wil de wasmachine en zo daar neerzetten. Die staat nu nog in de garage, maar dat vind ik niet handig. We moeten alleen nog een oplossing vinden voor de CV ketel; die hangt nu een (7) **beetje** in de weg.

Els: Zeg Fien, wat zou je ervan vinden als ik binnenkort eens een kijkje kom nemen in dat nieuwe huis van jullie? Je hebt me namelijk wel nieuwsgierig gemaakt! Bovendien hebben we elkaar al lang niet meer gezien.

Fien: Da's waar. Wacht, dan pak ik mijn agenda even. Dan kunnen we (8) **meteen** een afspraak maken.

9
1. e, 2. c, 3. f, 4. a, 5. b, 6. d

10
1. helemaal, 2. Dankzij, 3. vanwege, 4. meestal, 5. om, 6. waarin, 7. van, 8. terecht

12
1. meten, 2. park, 3. buurman, 4. lucht, 5. kantoor, 6. in tegenstelling tot

13
1. waar, 2. niet waar, 3. niet waar, 4. niet waar, 5. waar

Anderhalf uur duurde het. Anderhalf uur stress en mijn studentenkamer was ingericht. Om deze kamer te vinden was ik anderhalve maand kwijt. Zes weken lang ging ik bijna elke dag met de intercity van Nijmegen naar Amsterdam Centraal om daar een kamer te vinden. Ik heb vaak de moed bijna opgegeven, want er was altijd wel wat mis:
Nee, helaas, die kamer is al verhuurd.
Sorry, die kamer is alleen voor meisjes.
Het spijt me, maar als je niet bent ingeschreven, kunnen we je niet helpen.
Oh, je komt voor de kamer. Ja, je kunt wel even een kijkje komen nemen, maar ik had hem eigenlijk al beloofd aan.... Nee! Nee! Nee, niet weer!
Uiteindelijk kwam ik bij een man in Diemen terecht. Die had nog wel een logeerkamer over. Hij begon zich meteen te verontschuldigen over de kamer: Ja, het is wel wat klein, het is maar zeven vierkante meter en je hebt geen eigen douche en toilet, dus eigenlijk kun je hier niet zo goed wonen.
Jawel, jawel! Je kan hier prima wonen, graag zelfs.
En zo kwam ik uiteindelijk na lang zoeken toch nog aan een voorlopig dak boven mijn hoofd.
Als ik nu om me heen kijk, zie ik spullen die eens mijn slaapkamer in mijn ouderlijk huis vulden. Ik vind dat ze hier maar raar staan.... Mijn vader en moeder hebben me helpen verhuizen en ik vraag me af: is dit een nieuw begin? Heb ik nu mijn ouderlijk huis achtergelaten of hebben mijn ouders mij hier achtergelaten? Ik weet even niet hoe het verder moet. Ik sluit de gordijnen.

15
1. Door bij de winkel binnen te stappen of een e-mail sturen
2. € 5 per maand
3. € 2,25
4. Moleneind in Drachten
5. Nee
6. Tingo deuren uit Winsum
7. HANK, de politie

16
1. opzeggen, 2. vraag me af, 3. gaan ... weg, 4. ingevuld, 5. je inschrijven

17
1. aan, 2. aan, 3. van, 4. met, 5. op, 6. van

18
1. Ik zorg meestal voor de kinderen. Mijn man **houdt zich** niet zo bezig **met** de opvoeding.
2. Straks komen Piet en Mariëlle. Ik **verheug me** ontzettend **op** hun bezoek.
3. Die oude gaskachels zijn gevaarlijk. Ze **voldoen** niet **aan** de nieuwe veiligheidseisen.
4. De hoogte van de huursubsidie **is afhankelijk van** je inkomen.
5. De kinderen redden zich wel. Ze zullen snel **wennen aan** hun nieuwe school.
6. Gelukkig **heeft** onze loodgieter ook **verstand van** verwarmingsketels.

Les 5

Uitleg

1 Syntaxis

1. e, 2. b, 3. c, 4. a, 5. f, 6. d

2 Het passivum

De taken van de Eerste en de Tweede Kamer bestaan vooral uit het controleren van de regering. Verder maakt de Tweede kamer samen met de regering de wetten die gelden in ons land. Als ministers of staatssecretarissen een wetsvoorstel doen, dan moet dit <u>worden goedgekeurd</u> door de leden van de Tweede Kamer. En als een wet door de Tweede Kamer met meerderheid van stemmen <u>is</u> <u>aangenomen</u>, dan komt hij nog eens in de Eerste Kamer in behandeling. De Eerste Kamer controleert namelijk als het ware de Tweede kamer. <u>Wordt</u> de wet hier ook met meerderheid van stemmen <u>aangenomen</u>, dan pas <u>wordt</u> de wet <u>uitgevoerd</u>. Krijgt de wet in de Eerste Kamer geen meerderheid van stemmen, dan is hij van de baan.

De leden van de Tweede Kamer <u>worden</u> rechtstreeks door de burgers <u>gekozen</u>. Dit zijn dus directe verkiezingen. Bij de Eerste kamer ligt dat anders. Zij <u>worden</u> voor vier jaar door de Provinciale Staten <u>gekozen</u>. De leden van de Provinciale Staten – dat is het bestuur van een provincie – <u>worden</u> wel weer rechtstreeks door de inwoners van de provincie <u>gekozen</u>. De verkiezing van de leden van de Eerste Kamer gebeurt dus niet direct, maar indirect. Dat <u>wordt</u> ook wel een getrapte verkiezing <u>genoemd</u>.

- In het passivum gebruik je **worden** en **zijn** als hulpwerkwoord. De constructie van het passivum ziet er zó uit:

worden / zijn + participium (+ door + handelende persoon)

- Het hulpwerkwoord **worden** gebruik je in het presens (en het imperfectum), het hulpwerkwoord **zijn** gebruik je in het perfectum:

Presens: De wet **wordt** aangenomen (door de Tweede Kamer).
Perfectum: De wet **is** aangenomen (door de Tweede Kamer).

- In het futurum gebruik je *zullen* als hulpwerkwoord in combinatie met **worden** en het participium:

Futurum: De wet **zal worden** aangenomen (door de Tweede Kamer).

Op dezelfde manier kun je het passivum combineren met andere hulpwerkwoorden.

(De stemgerechtigde burgers) kiezen de leden van de Tweede Kamer.
(De leden van de Tweede kamer) worden gekozen door de stemgerechtigde burgers.
(De Tweede Kamer) heeft de wet met meerderheid van stemmen aangenomen.
(De wet) is met meerderheid van stemmen aangenomen door de Tweede Kamer.

Het **direct object** in de actieve zin is **subject** in de passieve zin.

Oefeningen

1
1. Eens in de vier jaar **zijn er** verkiezingen voor de gemeenteraden, de Tweede Kamer en de Provinciale Staten.
4. Daarom **kiest** hij de eerste naam op de lijst van die partij.
5. Omdat die naam bovenaan de lijst **staat**, wordt die politicus 'lijsttrekker' genoemd.
6. Nadat de formateur een nieuwe regering heeft samengesteld, **maken** de regeringspartijen afspraken over wat ze willen bereiken.
8. Een wetsvoorstel kan pas een wet worden als een meerderheid in de Tweede Kamer het ermee eens **is**.
10. Het komt voor dat de Tweede Kamer een nieuw wetsvoorstel **moet** doen.

2
1. zodra, 2. toen, 3. maar, 4. want, 5. maar, 6. daarvoor, 7. juist nu, 8. en, 9. maar, 10. doordat

3
a)
1. De schat werd vijf jaar geleden onder de woning verstopt (door de man).
2. De sieraden werden teruggevonden (door de politie) in een rioleringsbuis vlakbij het huis.
3. Niet alle sieraden werden echter teruggevonden.
4. De bruidsschat werd destijds (door de man) afgedekt met een doek en een tegel.
5. ...dat een schat op een vreemde plek is teruggevonden.
6. Onlangs is in Enschede honderdduizend euro in een schoenendoos op de vuilstortplaats gevonden.

b)
1. De kleine overtredingen worden behandeld door het kantonrecht.
2. De echte misdaden worden door de rechtbank behandeld.
3. De zaak wordt dan nog een keer bekeken door een hogere rechtbank.
4. Het werk van de lagere rechtbanken wordt gecontroleerd door de Hoge Raad.
5. Het proces moet dan opnieuw worden gevoerd.

4
1.
a) Waar is de krant waarin een artikel over die minister staat?
b) Ik heb een kopie gemaakt van het artikel dat over die minister in de krant staat.
c) Dit is de minister over wie/waarover een artikel in de krant staat.

2.
a) Dit is de nieuwe wet waarover de minister met een journalist heeft gesproken.
b) Daar staat de journalist die met / met wie de minister over de nieuwe wet heeft gesproken.
c) Ik bedoel de minister die met / met wie een journalist over de nieuwe wet heeft gesproken.

3.
a) Hoe laat is de rechtstreekse televisie-uitzending waarin de minister zal reageren op het wetsvoorstel.
b) Hoe heet de minister die in een rechtstreekse televisie-uitzending zal reageren op het wetsvoorstel?
c) Van wie is het wetsvoorstel waarop de minister zal reageren in een rechtstreekse televisie-uitzending?

5
1. Een president zal het volk minder goed kunnen vertegenwoordigen dan de koningin.
2. In een democratie zou de koningin geen politieke invloed moeten hebben.
3. De formateur, die een nieuwe regering samenstelt, moet met alle partijen kunnen praten.
4. De formateur wil met de regeringspartijen tot een goed compromis kunnen komen.
5. De nieuwe regering zal voor een periode van vier jaar het land gaan besturen.

6
1. h, 2. e, 3. d, 4. f, 5. a, 6. g, 7. b, 8. c

7
1. van plan zijn
2. Mijns inziens
3. uitgelegd
4. is van mening
5. Volgens
6. onderbouwen
7. argumenten
8. zitten
9. namelijk
10. vaststellen
11. lijkt

8
1. niet waar
2. waar
3. waar
4. niet waar
5. waar

Marijke: De Nederlandse monarchie heeft voorstanders en tegenstanders. Veel voorstanders zijn gecharmeerd van de traditie en zijn er trots op dat het volk wordt vertegenwoordigd door een koningin. Tegenstanders beweren dat het koningshuis te veel geld kost en dat de politieke invloed van de koningin niet acceptabel is in een democratisch land. In de studio is Joost de Bruin, gemeenteraadslid in Den Haag... Welkom, Joost...
Joost: Dankjewel...
Marijke: Joost, jij vindt dat eigenlijk onzin, hè, om de rol van het koningshuis maar weer eens ter discussie te stellen...

Joost: Nou ja, onzin is een groot woord ... maar eh, mijn probleem is dat ik het probleem niet zie. Ik bedoel: ik vind het vreemd dat we er steeds weer een discussie over krijgen... En elke keer valt dan weer het begrip 'democratie' hè en eh dat het koningsschap zoals dat eh, zoals dat in Nederland functioneert, dat dat dus in strijd zou zijn met de principes van de democratie, om de simpele reden dat de koningin niet door het volk wordt gekozen, maar wel eh, dat ze dus wel politieke invloed heeft.

Marijke: Maar dat ís toch ook in feite vreemd, Joost, dat we in een democratisch land een staatshoofd hebben dat we niet zelf hebben gekozen...

Joost: Nou, het gekke, het gekke is nou juist dat een eh, een ruime meerderheid van de Nederlandse bevolking zegt: 'We vinden die monarchie zo mooi.'

Marijke: Maar 'mooi' is toch heel wat anders dan 'democratisch'...

Joost: Jawel, maar eh, wat ik ermee wil aangeven is eh, die monarchie wordt dus breed gedragen; het heeft de goedkeuring en de steun van veel Nederlanders. Ik bedoel eh, we krijgen hier in Den Haag nooit zo veel mensen op de been als juist op bijvoorbeeld Prinsjesdag, hè, mensen komen echt uit het hele land hiernaartoe om eh, om, ook al is het maar heel kort, de koningin in die koets te zien. Dus vraag ik me af: wat is nou het probleem? Kijk, het eh, het theorétische probleem begrijp ik wel, maar zeg nou zelf, in de praktijk verloopt het toch allemaal prima...

Marijke: Nou ja, Joost, het verloopt natuurlijk niet altijd helemaal vlekkenloos. Neem nou laatst die kwestie met ...

Joost: Ja, ja natuurlijk komen er wel eens rimpels in de hofvijver, hè, gebeuren er wel eens minder mooie dingen, maar laten we blij zijn dat we in Nederland een instantie hebben die boven de politieke partijen staat. Een koningin zonder partijpolitieke belangen, een koningin die objectief is, die af en toe, als de politiek een probleem niet kan oplossen, juist daardoor voor een oplossing kan zorgen. D'r is niemand...

Marijke: En dan ga je er dus vanuit dat ze geen eigen belangen hebben...?

Joost: Er is niemand in Nederland die zó getraind is in het onpartijdig zijn als de koningin!

9
1. In het artikel stelt u dat...
2. Allereerst denk ik namelijk dat...
3. Bovendien ben ik van mening dat...
4. Maar als het toch alleen maar gaat...

11
1. a, 2. a, 3. b, 4.c

12
1. uitleggen
2. overlegt
3. keurt ... goed
4. doen ... mee
5. overtuigen
6. neem ... door

13
1. van, 2. op, 3. met, 4. tegen, 5. aan

14
1. ben overtuigd van
2. heb ... bezwaar tegen
3. heeft ... invloed op
4. houden ... vast aan
5. heb ... ervaring mee

Les 6

Uitleg

1 Het adjectief, de comparatief en de superlatief

adjectief	comparatief	superlatief
de **lage** score	de **lagere** score	de **laagste** score
een **lage** score	een **lagere** score	Ø
het **grote** deel	het **grotere** deel	het **grootste** deel
een **groot** deel	een **groter** deel	Ø
(de) **eenvoudige** vragen	(de) **eenvoudigere** vragen	(de) **eenvoudigste** vragen
de score was **hoog**	de score was **hoger**	de score was het **hoogst**
het percentage is **hoog**	het percentage is **hoger**	het percentage is het **hoogst**

Onregelmatige vormen

adjectief	comparatief	superlatief
veel	meer	meest
weinig	**minder**	minst
goed	beter	best
graag	liever	**liefst**

2 Er

Er als plaatsaanduiding
voorbeeld: Ik ben **er** nog nooit geweest.

Er + numerale
voorbeeld: Nederland heeft **er** twaalf.

Er + prepositie
voorbeeld: Wat vind jij **er**van?
voorbeeld: Ik heb **er** nog niet over nagedacht.

Er + onbepaald subject
voorbeeld: **Er** is niets zo lekker als Belgische bonbons.
voorbeeld: Welke stereotypen bestaan **er** over uw land?
voorbeeld: **Er** gaan elk jaar veel Duitsers op vakantie naar Nederland.
voorbeeld: **Er** zijn geen hoge bergen in Nederland.

Er in passieve zinnen
voorbeeld: **Er** wordt in Nederland niet zo veel meer gerookt.

Oefeningen

1
1. dichtbevolkt, 2. positieve, 3. progressiever,
4. belangrijkste, 5. duurder, 6. meer 7. meeste – liever,
8. beste, 9. meest bijzonder, 10. het best(e)

3
1. b, 2. a, 3. d, 4. c, 5. b, 6. b, 7. a

5
1. Het Standaard Nederlands is de officiële taal van Nederland.
2. Dat werd vroeger Algemeen Beschaafd Nederlands genoemd.
3. Er worden in de provincie Friesland twee talen gesproken.
4. Bijna iedereen spreekt er Fries en Nederlands.
5. Er wordt in Friesland op veel scholen in beide talen lesgegeven.
6. Er is ook een tweetalige radiozender die radio Fryslân heet.

6a
Het diagram **laat** het aantal hectaren tulpen, lelies en narcissen in Nederland **zien** in de jaren 1994, 1996 en 1998.
Het **valt op** dat het aantal hectaren tulpen groter is **dan** het aantal hectaren lelies en narcissen.
Bovendien is het aantal hectaren tulpen tussen 1994 en 1998 **gestegen**, terwijl het aantal hectaren lelies is **gedaald**.
Het aantal hectaren narcissen is **relatief** klein en ongeveer **gelijk** gebleven.

7
2. de afname, 3. de daling, 4. de toename, 5. de score
6. de uitleg, 7. de beschrijving, 8. de invloed

8
1. niet waar, 2. waar, 3. waar, 4. niet waar, 5. waar

Interviewster: Nederlanders houden niet van Duitsers. Althans dat is het cliché dat overheerst bij veel Nederlanders. Maar ook Duitsers denken in stereotypen. Dit komt vooral doordat ze, hoewel het buurlanden zijn, toch niet zoveel van elkaar weten. In de studio is professor P. Scholten. Hij is historicus aan de universiteit van Utrecht en gespecialiseerd in de Duits-Nederlandse betrekkingen door de jaren heen. Hij is mede organisator van de tentoonstelling *'Duitsland-Nederland. Helder tot bewolkt'*. Welkom, professor Scholten.
dhr Scholten: Dank u wel.
Interviewster: Nederland staat vol met windmolens en alle Nederlanders lopen op klompen. Is dat het beeld dat Duitsers van ons hebben?
dhr Scholten: Nou, het beeld dat Duitsers van Nederland hebben wordt inderdaad nog steeds gedomineerd door strand en windmolens, kaas, tulpenvelden en coffeeshops en andere clichés. Verder is er een ding dat Duitsers zeker weten: de Nederlanders zijn anti-Duits.
interviewster: Nederlanders zijn anti-Duits, zegt u. Hoe terecht is dat beeld dat Duitsers kennelijk van ons hebben?
dhr Scholten: In zekere zin is dat beeld terecht. Het anti-Duitse gevoel heeft in Nederland lange tijd overheerst. Dat komt natuurlijk door de Tweede Wereldoorlog. Nederland is lange tijd door Duitsland bezet geweest. En het is logisch dat mensen die die tijd hebben meegemaakt, anti-Duitse gevoelens hebben ontwikkeld. Dus helemaal onterecht is dat idee van de Duitsers niet.
interviewster: Als u zegt dat het anti-Duitse gevoel lange tijd heeft overheerst, betekent dat dan dat dat nu niet meer het geval is?
dhr Scholten: Ja en nee. Op politiek en economisch gebied hebben we al heel lang een uitstekende relatie met Duitsland. En uit onderzoek blijkt dat vooral onder jongeren, de anti-Duitse gevoelens aan het verdwijnen zijn. Jongeren zijn over het algemeen best positief over Duitsland. Om een voorbeeld te geven: een groeiend aantal Nederlanders zou bijvoorbeeld best in Duitsland willen wonen als ze een alternatief voor Nederland moesten kiezen. En ze vinden het over het algemeen gewoon een modern en democratisch land.
Interviewster: Betekent dat dat de anti-Duitse gevoelens niet meer bestaan?
dhr Scholten: Nee, dat nou ook weer niet. We zitten in een overgangsfase. Enerzijds staan mensen positiever tegenover Duitsland en Duitsers, maar anderzijds ligt het nog steeds gevoelig. Dat zie je bijvoorbeeld als het Nederlands elftal een belangrijke voetbalwedstrijd tegen Duitsland moet spelen. Dan is iedereen opeens weer fanatiek en anti-Duits. Fanatieker dan wanneer de tegenstander bijvoorbeeld Frankrijk is.
interviewster: Is de oorlog de enige oorzaak van het denken in clichés over elkaar?
dhr Scholten: Het is een belangrijke oorzaak, maar niet de enige. Gebrek aan kennis over elkaar speelt ook een grote rol; hoe kun je van iemand houden die je niet goed kent? Mede daarom hebben we de tentoonstelling *'Duitsland-Nederland. Helder tot bewolkt.'* georganiseerd. De tentoonstelling geeft een historisch overzicht van de relatie tussen Nederland en Duitsland na de Tweede Wereldoorlog. Daarmee hopen we de kennis te vergroten, zodat er meer begrip ontstaat voor elkaar.
interviewster: En waar kunnen we die tentoonstelling bekijken?
dhr Scholten: De tentoonstelling is van 17 mei tot en met 29 juni te zien in het stedelijk museum in Amsterdam.
interviewster: Nou, dat lijkt me zeer de moeite waard. Ik wil u hartelijk bedanken voor uw toelichting.
dhr Scholten: Geen dank.

9
1. niet waar, 2. niet waar, 3. waar, 4. niet waar, 5. waar

10
1. f, 2. g, 3. h, 4. k, 5. j, 6. i, 7. c, 8. b, 9. a, 10. d, 11. e

11
1. Het aantal leden van de vereniging **neemt** al enkele jaren **af**.
2. **Ruim** je bureau toch eens **op**!
3. Een team van specialisten probeert door middel van onderzoek **vast** te **stellen** wat de oorzaak is van de epidemie.
4. Het **valt** me **op** dat je de laatste tijd zo vrolijk bent!
5. **Pas op** voor zakkenrollers!
6. 's Ochtends is het zonnig maar in de loop van de middag **neemt** de bewolking **toe**.
7. Behalve bloembollen **voert** Nederland ook veel zuivelproducten **uit**.

12
1. uit, 2. van, 3. over, 4. in, 5. over, 6. met

173

13
1. Mijn buurman **klaagt** altijd **over** het weer.
2. **Ben** je **geïnteresseerd in** een baan bij de politie? Bel dan voor gratis informatie 0800-1234.
3. Ik ben op mijn werk voor het eerst **in aanraking gekomen met** internet.
4. **Uit** onderzoek **blijkt** dat Nederlanders en Duitsers niet zoveel over elkaar weten
5. Mijn opa **vertelt** altijd mooie verhalen **over** zijn jeugd.
6. Ik wil eerst weten wat mijn collega's **van** dit plan **vinden**.

Les 7

Uitleg

1 Zou/zouden + infinitief (de conditionalis)

zin	betekenis
2. Zou hij al op vakantie zijn?	zich iets afvragen
1. Zou u mij de informatie per e-mail willen sturen, alstublieft?	een beleefd verzoek doen
5. Ze zouden wat vaker buiten moeten spelen.	iets wenselijk vinden
6. Je zou eens naar de dokter moeten gaan.	een suggestie doen, advies geven
3. Mijn moeder zou graag een computercursus willen doen.	iets wensen
8. Als ik meer tijd zou hebben, zou ik wat vaker de krant lezen.	een irreële voorwaarde stellen
4. Die zou jij toch installeren?	iemand herinneren aan een afspraak

Oefeningen

1
1. ... zou ik een laptop kopen.
2. ... zou ik naar de dokter gaan.
3. ... zou ik wat vaker vrij nemen.
4. ... zou ik hem niet meer bellen.
5. ... zou ik een nieuwe computer vragen.

2
1. Als ik dat eerder had geweten, had ik de helpdesk wel gebeld.
2. Als je mij om advies had gevraagd, had je dit probleem nu niet gehad.
3. Als ik een snellere computer had gehad, was het werk al lang klaar geweest.
4. Als het internet er niet was geweest, hadden zij elkaar niet leren kennen.
5. Als ze een computercursus had gedaan, had ze die baan wel gekregen.

3
1. Het weer is te mooi om de hele dag binnen te blijven.
2. De kinderen gebruiken de computer vooral om spelletjes te doen.
3. Ik ben te moe om op te staan.
4. Je hebt de afstandsbediening nodig om de videorecorder te programmeren.
5. Ik kijk tv om te ontspannen.
6. René heeft tegenwoordig een bril nodig om te kunnen lezen.
7. Mijn vader vindt zichzelf te oud om te leren computeren.

8. Marlies gaat naar Spanje om beter Spaans te leren.

4
1. achter mijn computer, 2. Geen punt, 3. aan de hand, 4. iets kwijtgeraakt, 5. durfde, 6. geen probleem, 7. onder de knie, 8. aan de slag, 9. op je eigen manier, 10. vanzelf, 11. nog een keer, 12. alsjeblieft

6
1. e, 2. f, 3. i, 4. a, 5. h, 6. j, 7. c, 8. b, 9. g, 10. d

9
1. niet waar, 2. waar, 3. niet waar, 4. waar, 5. waar

10a
1. waar, 2. waar, 3. niet waar, 4. niet waar

10b
1. Het internet biedt onbeperkte mogelijkheden om informatie te krijgen en te verspreiden. (met één druk op de knop kun je de wereld in huis halen, en kun je de wereld laten zien wat je te bieden hebt).
2. De vrijheid van het internet kan worden misbruikt.
3. Misdaad op het internet.
4. De wetten moeten wereldwijd gelden en wereldwijde wetgeving is heel moeilijk te ontwikkelen.

Interviewer: In de studio is meneer van Gorp. Hij is jurist, en eh meneer van Gorp, u heeft zich gespecialiseerd in de juridische kant van het internet, dus eigenlijk: welke wetten gelden en moeten gaan gelden voor het internet. Zeg ik dat zo goed?
dhr van Gorp: Nou, ik bén me aan het specialiseren op het gebied van recht op het world wide web, ja. Ik bén nog niet gespecialiseerd en dat duurt ook nog lang, omdat het ontzettend ingewikkeld is om te zeggen wat juridisch gezien mag, en niet mag op het internet.
Interviewer: Wat is er zo moeilijk aan dan?
dhr van Gorp: Nou, ten eerste is het internet natuurlijk een relatief jong medium. Het staat nog in de kinderschoenen en de wereld moet gewoon nog wennen aan het internet, en aan wat er allemaal kan met het internet. We moeten het medium nog leren kennen!
Interviewer: Wat kan er dan allemaal met het internet?
dhr van Gorp: Nou ja, Het internet biedt onbeperkte mogelijkheden om informatie te krijgen en te verspreiden: met één druk op de knop kun je de wereld in huis halen, en kun je de wereld laten zien wat jij te bieden hebt. Dat is natuurlijk erg mooi, maar ik denk dat de mogelijkheden ook misbruikt kunnen worden.
Interviewer: Kunt u dat uitleggen?
dhr van Gorp: Nou ja, als je informatie gemakkelijk over de hele wereld kunt verspreiden, dan kun je die vrijheid ook misbruiken door bijvoorbeeld negatieve informatie over iemand te verspreiden, je kunt iemand via het internet beschuldigen van misdaden en zijn identiteit bekend maken. Er zijn ook mensen die het internet beter kennen dan anderen, en zo bijvoorbeeld kunnen frauderen met creditcards.
Interviewer: Dus er is misdaad op het internet...
dhr van Gorp: Jazeker. Er gebeuren veel dingen op het internet die volgens onze wet niet zijn toegestaan.

174

Interviewer: Maar waarom doet de overheid daar niets aan?
dhr van Gorp: De overheid doet daar al iets aan. Men probeert regels voor het internet te ontwikkelen. En trouwens, dat doet de overheid niet alleen; er wordt samengewerkt met bedrijven die het internet opgaan, en met providers en e-commercebedrijven. Samen proberen deze partijen regels te ontwikkelen voor het internet.
Interviewer: Dus het is gewoon een kwestie van wachten tot de regels er zijn en dan is er geen probleem meer. Waarom bent u dan bezig met Recht op het internet, als er binnenkort geen probleem meer is?
dhr van Gorp: U ziet het verkeerd. Het is een goede zaak dat overheid, bedrijven en providers samen werken aan regels, maar die regels moeten wel een basis hebben, natuurlijk. Wat denkt u dat die basis moet zijn?
Interviewer: Nou ja, gewoon, de wet natuurlijk.
dhr van Gorp: En dat is nu juist het probleem want wij hebben de Nederlandse wet, maar het internet is een wereldwijd medium! We kunnen de Nederlandse wet niet op een mondiaal medium toepassen, en wereldwijde wetgeving voor het internet is heel moeilijk te ontwikkelen. Denkt u aan het langzame proces van de eenwording van Europa: de EU is daar al jaren mee bezig. Het zal ook nog jaren duren voordat Europa één wetgeving kent! Als we datzelfde proces voor de hele wereld willen starten, wordt dat een enorme klus. Zeker als u bedenkt dat de nationale wetgeving van veel landen niet eens in orde is. Dat is ook de tweede reden waarom het moeilijk is om specialist te zijn op dit gebied: het is een nieuwe situatie waar niemand ervaring mee heeft, het is volkomen uniek!
Interviewer: Dus dit is eigenlijk nog maar het begin?
dhr van Gorp: Jazeker. Kijk, we moeten regels maken, dat is zeker, maar dat gaat nog jaren duren, ook omdat het internet zich zal blijven ontwikkelen.
Interviewer: Nou, oké meneer van Gorp. Dank u wel voor dit gesprek en veel succes met uw werkzaamheden.
dhr van Gorp: Dank u wel. Tot ziens.

11
1. c, 2. a/c, 3. a/b, 4. c, 5. a/c, 6. a/b, 7. a, 8. a, 9. b/c, 10. b/c

12
1. De markt voor computerspelletjes is de laatste jaren explosief gegroeid.
2. RSI komt vooral voor bij mensen die veel achter de computer werken.
3. Een vriendin van mij heeft haar vriend via het internet leren kennen.
4. Mijn buurvrouw moet op doktersadvies een paar maanden rust nemen.
5. Tegenwoordig kun je met je mobiele telefoon ook internetten.

14
1. De AVRO **zendt** vanavond een interessante documentaire **uit**.
2. De popualiteit van Internet **toont aan** dat mensen veel behoefte hebben aan informatie.
3. Hoe **pak** ik dat **aan**?
4. , **blijft** er te weinig ruimte op de harde schijf **over**.
5. , maar het **neemt** de oorzaak niet **weg**.

15
1. met, 2. voor, 3. van, 4. van, 5. aan, 6. op, 7. op

16
1. Nu **zijn** ze **verliefd op** elkaar.
2. Daardoor **heb** ik nu **last van** mijn nek.
3. ... omdat ze **bang is voor** computervirussen.
4. Voor deze documentaire heeft de NOS nauw **samengewerkt met** de Stichting Natuurmonumenten.
5. Om **zich voor** te **bereiden op** het computerexamen...
6. Dat **laat** ik liever **over aan** een deskundige.
7. Mijn broer in Australië wil graag **op de hoogte** worden **gehouden van** het nieuws in Nederland.

Les 8

Uitleg

1 Verbindingswoorden: conjuncties en adverbia

1. Doordat
2. want
3. Daardoor
4. doordat
5. daardoor

coördinerende conjunctie:

hoofdzin 1	2. De gezinsstructuren veranderen
conjunctie	**want**
hoofdzin 2	vrouwen werken steeds vaker buitenshuis.

subordinerende conjunctie:

hoofdzin	4. De gezinsstructuren veranderen
conjunctie	**doordat**
bijzin	vrouwen steeds vaker buitenshuis werken.

conjunctie	1. **Doordat**
bijzin,	vrouwen steeds vaker buitenshuis werken,
hoofdzin met inversie	veranderen de gezinsstructuren.

verbindend adverbium:

hoofdzin./;	3. Vrouwen werken steeds vaker buitenshuis.
adverbium	**Daardoor**
hoofdzin met inversie	veranderen de gezinsstructuren.

hoofdzin./;	5. Vrouwen werken steeds vaker buitenshuis;
adverbium	**daardoor**
hoofdzin met inversie	veranderen de gezinsstructuren.

Oefeningen

1
1. De mogelijkheden voor kinderopvang worden steeds beter zodat steeds meer vrouwen kunnen gaan werken.

175

2. Noch de oppas noch jouw moeder kan vanavond op de kinderen passen.
3. Jan zorgt meestal voor het eten tenzij hij pas laat met zijn werk klaar is.
4. We waren gisteravond zo laat thuis, dat de oppas op de bank in slaap was gevallen.
5. U kunt gebruik maken van de buitenschoolse opvang mits uw zoon jonger dan 13 jaar is.
6. In Denemarken gaat 48% van de kinderen naar een crèche, terwijl dat in Spanje maar 2% is.
7. Toen mijn dochtertje koorts had, mocht ze niet naar het kinderdagverblijf.

2
1. voordat, 2. hetzij …hetzij, 3. Daarna, 4. Zowel … als, 5. daarvoor, 6..Als, 7. Hoe…hoe, 8. nadat

3c
Suggesties:
1. Johan heeft geen tijd om boodschappen te doen en Myra heeft ook geen tijd om boodschappen te doen.
2. Johan heeft tijd om boodschappen te doen en Myra heeft tijd om boodschappen te doen.
3. Of Johan heeft tijd om boodschappen te doen of Myra heeft tijd om boodschappen te doen.
4. Ik kom naar je feestje maar alleen als Harm komt.
5. Ik kom naar je feestje maar niet als Harm komt.

5
1. Nee, ik houd me **er** niet zo mee bezig.
2. Nee, ik heb **er** in de bibliotheek naar gezocht.
3. Ik had me **er** erg op verheugd.
4. Ik ben **er** erg benieuwd naar.
5. Nee, ik denk dat ze **er** pas volgende week over zullen vergaderen.

6
1. **Er** zijn verschillende mogelijkheden.
2. **Er** is een cursus voor beginners en **er** is een cursus voor gevorderden.
3. **Er** wordt in beide cursussen veel aandacht besteed aan spreekvaardigheid.
4. In september, maar **er** moeten minstens twintig aanmeldingen zijn.
5. Nou, u krijgt **er** in augustus een brief over.
6. **Er** stopt ieder half uur een bus.
7. En dan doe ik **er** meteen een informatieboekje bij.

7
1. kinderopvang, 2. deeltijd, 3. oorzaak, 4. ga …aan de slag, 5. wachtlijst, 6. oplopen, 7. fors, 8. gastouder

8
1. buitenschoolse opvang, 2. professionele, 3. flexibel, 4. kinderdagverblijf, 5.au-pair, 6.voornamelijk, 7. Naderhand 8. integendeel

9
r. 5: ~~als~~ / dan, r.12: van wie / ~~van die~~, r. 13: ~~op wie~~ / waarop, r. 14: die / ~~dat~~, r. 16: die / ~~dat~~, r. 17: ~~Hoe~~ / Wie, r. 22: aan / ~~bij~~, r. 26: ~~hen~~ / hun, r. 30: toe / ~~bij~~, r. 32: haar / ~~hem~~, r. 36: tot / ~~na~~.

10
1. waar, 2. niet waar, 3. niet waar, 4. waar

Interviewster: We praten met Jeanine ter Veld over het onderzoek dat onder lezeressen van Marie-Claire is gedaan. Uitgangspunt van het onderzoek was: Wat vinden Marie-Claire vrouwen van mannen.
Jeanine: Inderdaad. Misschien is het aardig om eerst even wat meer te vertellen over de ondervraagde groep. Onze lezeressen zijn de over het algemeen beter opgeleide vrouwen, HBO en universitair en wat opvalt is dat zij behoorlijk genuanceerd zijn. Ze scoren zelden 'helemaal mee oneens' of 'helemaal mee eens'. Maar ze gaan ook niet in het midden zitten, het is zeker geen saaie groep, ze zijn gewoon genuanceerd.
Interviewster: En als we dan kijken naar de uitkomsten van het onderzoek, wat valt dan op?
Jeanine: Nou, wat ik zelf wel aardig vond... Eén van de grootste clichés die er bestaan, als vrouwen over mannen denken, is dat mannen niet kunnen luisteren. Mannen kunnen niet luisteren. Dat gaat al generaties lang mee. En deze groep Marie-Claire vrouwen, die is het daar eigenlijk niet meer mee eens, maar ook niet mee oneens… Kijk, als je de vraag tien jaar geleden had gesteld, had zeker een grotere groep dan nu als antwoord gegeven: Klopt, mannen kunnen niet luisteren.
Interviewster: En veel vrouwen zeggen dat ze dat het allerbelangrijkste vinden, dat ze het belangrijk vinden dat een man kan communiceren, kan luisteren… En nu vinden ze dat mannen daar heel erg in vooruit zijn gegaan…
Jeanine: Nou, niet heel erg maar ik denk, überhaupt heb ik dat bij dit onderzoek, dat mannen en vrouwen wat meer naar elkaar toegroeien; de verschillen worden kleiner. Ik denk dat de mannen wat zijn veranderd. Met name jongere mannen weten erg goed dat als ze niet luisteren naar een vrouw dat dat toch een heel belangrijk element is in een relatie en dat mannen zich dus steeds meer aanpassen.
Interviewster: Dus de communicatie tussen mannen en vrouwen lijkt te zijn verbeterd?
Jeanine: Ik vermoed het. Vrouwen vinden dat ze beter kunnen communiceren maar ook vinden veel vrouwen dat mannen opener zijn geworden en nog meer vrouwen zijn het er mee eens dat mannen zorgzamer zijn geworden. Overigens is het wél zo dat dit met name geldt voor jongere vrouwen, dus vrouwen onder de 25 jaar. Die zijn het er sterker mee eens dan vrouwen die al wat ouder zijn.
Interviewster: Zegt dat iets over de mannen van tegenwoordig of zegt dat iets over die jongere vrouwen?
Jeanine: Dat weten we dus niet. Je kunt het op twee manier bekijken. Je kunt over die jonge vrouwen zeggen: Nou meiske, wacht maar af, jij hebt nog niet zoveel meegemaakt. Het kon nog wel eens tegenvallen met die kerels. Hè, dus dat het een gebrek aan ervaring is, dat ze zo positief zijn over de mannen. Of het kan natuurlijk zo zijn dat die jongere mannen werkelijk anders zijn en inderdaad beter kunnen luisteren en communiceren dan de wat oudere generatie.

12
1. niet waar, 2. waar, 3. waar, 4. waar, 5. waar

13
1. , **streep** ik altijd de belangrijkste delen met potlood **aan** / **streep** ik altijd de belangrijkste deel **aan** met potlood.
2. Daardoor **loopt** de wachttijd enorm **op**.

3. Petra **zoekt** elk onbekend woord **op** in het woordenboek / Petra **zoekt** elk onbekend woord in het woordenboek **op**
4. zodat hij meer tijd voor de kinderen **overhoudt**.
5. Willem **spant zich** erg **in**

14
1. voor, 2. met, 3. voor, 4. tot, 5. van, 6. uit, 7. met, 8. aan, 9. over, 10. van, 11. van

15
1. Hoe **combineer** jij je baan **met** de zorg voor je kinderen?
2. Daarom zijn we **lid van** de Stichting Natuurmonumenten.
3. Ik **heb een** ontzettende **hekel aan** asociale automobilisten.
4. De kosten van een kinderdagverblijf **zijn afhankelijk van** het inkomen van de ouders.
5. Ik heb een hekel aan mijn schoonmoeder omdat ze **zich** altijd **bemoeit met** de opvoeding van onze kinderen.
6. In een traditioneel gezin **is** de man **verantwoordelijk voor** het geld en **zorgt** de vrouw **voor** de kinderen. / In een traditioneel gezin **zorgt** de man **voor** het geld en **is** de vrouw **verantwoordelijk voor** de kinderen.
7. Ik **maak me zorgen over** mijn gezondheid.
8. Ik denk dat agressie op tv **leidt tot** agressie op straat.
9. Voor dit onderzoek **maken** we **gebruik van** gegevens van het Centraal Bureau voor de Statistiek.
10. Een schrijfplan **bestaat uit** een aantal vragen die je in de tekst beantwoord.

Les 9

Oefeningen

1
Suggesties:
1. Ik ga naar school, ook al ben ik ziek.
2. Jan gaat mee naar het concert, terwijl hij niet van jazz houdt.
3. Mijn vriendin en ik wonen ver van elkaar. Toch zien we elkaar vaak.
4. Hoewel het examen moeilijk was, zijn veel mensen geslaagd.
5. Ook al heeft hij alle diploma's, hij kan toch geen baan vinden.
6. Het is 's zomers vaak mooi weer in Nederland. Toch gaan veel mensen op vakantie naar het buitenland.
7. Ik heb gisteren de hele avond voetbal gekeken, terwijl ik er eigenlijk helemaal niet van houd.
8. Hoewel ik een goed salaris en veel vakantie heb, wil ik niet meer in het onderwijs werken.

3
1. enkelen, 2. Beide, 3. armen, 4. Andere, 5. nieuwere, 6. openbare, 7. Sommigen/anderen, 8. meesten

4
1. m, 2. g, 3. l, 4. f, 5. k, 6. n, 7. e, 8. p, 9. h, 10. i, 11. o, 12. d, 13. j, 14. a, 15. b, 16. c

5b
1. waar, 2. niet waar, 3. waar, 4. niet waar, 5. niet waar

6
1. Regel 16-18: Voor minder begaafde leerlingen (...) verstandige kinderen.
2. Alinea 4: meerbegaafden, alinea 5: de verstandigen, alinea 6: sterke leerlingen/bollebozen
3. Naar 'hoogbegaafden' in regel 6.
4. Naar 'de verstandigen' in regel 47.
5. Naar 'het vak' in regel 63.

7a
1. b, 2. c, 3. a, 4. c, 5. a

7b
6. Landelijk Actie Kommité Scholieren
7. VWO en HAVO: Nederlands, MAVO: Geschiedenis
8. MAVO: 4, HAVO: 76, VWO: 50
9. Telefonisch of via Internet.
10. 020 - 538 84 38

Dj Jeroen: Welkom op radio 518, het examenjournaal van half zes! Vandaag was alweer de derde dag van het eindexamen. Op HAVO en VWO werd Nederlands afgenomen en op de MAVO-Geschiedenis. En waar examens worden gemaakt, zijn ook veel klachten, dus we hebben zoals elke dag contact met Janne Hermsen van het LAKS, het Landelijk Actie Komité Scholieren! Je weet het, als je klachten hebt over het examen of alles wat ermee te maken heeft, dan kun je bellen naar het LAKS, telefoonnummer 020-5388438. Hallo Janne!
Janne: Hoi Jeroen.
Dj Jeroen: En, is het allemaal goed gegaan vandaag of...
Janne: Neeee, was dat maar waar!
Dj Jeroen: Oh, weer een hoop klachten dus?
Janne: Zeker weten; we hebben vijftig klachten van VWO'ers ontvangen en maar liefst 76 van HAVO-leerlingen.
Dj Jeroen: En geen klachten van de MAVO-kant?
Janne: Oh ja, maar dat waren er maar vier. Trouwens wel allemaal van dezelfde school; op de Vincent van Gogh-scholengemeenschap in Arnhem zat er een surveillerende juffrouw ontzettend te kraken met een zakje chips tijdens het examen.
Dj Jeroen: Nou jaaaaah zeg, dat is echt irritánt!
Janne: Ja, en de Havisten klaagden massaal dat het examen anders was dan ze dachten.
Dj Jeroen: Oh?
Janne: Ze dachten dat ze alleen een tekst moesten samenvatten, maar het bleek een nieuw examen te zijn: ze moesten dus een tekst samenvatten, maar ook vragen over teksten beantwoorden!
Dj Jeroen: Jeetje, en dat wist niemand?
Janne: Nou ja, het CITO, dat de examens maakt, heeft in maart een brief gestuurd naar alle leraren Nederlands en in die brief stond dat er dit jaar een nieuw examen zou worden gemaakt met samenvatten én tekstverklaren erin.
Dj Jeroen: Dus de leraren wisten dat maar hebben het niet aan de leerlingen verteld! Het is de schuld van de leraren!
Janne: Nou ja, dat wil ik niet zeggen, ...
Dj Jeroen: Jawel Janne, zég het! Het is de schuld van de leraren!
Janne: Nou, ehhh...
Dj Jeroen: Zit jij zelf nog op school?
Janne: Ja!
Dj Jeroen: Ooooh, dan snap ik het; daarom zeg je niks. Is dit ook voor jou het examenjaar?
Janne: Nee, ik doe volgend jaar examen.
Dj Jeroen: Op welk niveau?
Janne: Op VWO niveau.
Dj Jeroen: Okee, succes dan maar alvast! Spreek ik je morgen weer?

Janne: Wacht even, want we hebben de VWO-klachten nog niet besproken!
Dj Jeroen: Oh jee! Ik vergeet de VWO'ers! Sorry hoor...
Janne: Geeft niet. Eh...De VWO'ers klaagden dat het examen te lang was. Veel mensen vonden dat ze veel te weinig tijd kregen om het te maken. Sommigen zeiden dat ze nog maar op de helft van het examen waren toen de tijd voorbij was!
Dj Jeroen: Nou, dan kunnen die rekenen op een vette onvoldoende dus.
Janne: Dat denk ik ook wel ja...
Dj Jeroen: Nou Janne, volgens mij zijn we nu wel aan het eind van de klachtenstroom hè?
Janne: Ja!
Dj Jeroen: Spreek ik je morgen weer, zelfde tijd, zelfde zender?
Janne: Tuurlijk.
Dj Jeroen: Doei!
Janne: Doei!
Dj Jeroen: Jaah mensen je kunt je klachten over het examen dus kwijt bij het LAKS, telefoon 020-5388438, of je kunt klagen via internet, surf naar www.eindexamen.nu, dat is www.eindexamen.nu.

9
1. Op veel buitenlandse scholen is het verplicht om een schooluniform te dragen.
2. Voordat ik huiswerk ga maken, drink ik altijd een kopje thee met mijn moeder.
3. Op veel scholen wordt te weinig aandacht besteed aan hoogbegaafde kinderen.
4. Mijn dochter blijft tussen de middag op school over want ik moet de hele dag werken.
5. Hoewel Ineke pas 11 is, gaat ze in augustus al naar de middelbare school.
6. Ook al hebben alle kinderen eigenlijk recht op onderwijs, toch moeten ze in veel landen werken.
7. Sandra gaat in Amsterdam studeren maar ze heeft nog geen kamer.
8. Doordat ik een tijdje stage heb gelopen, zie ik het onderwijs nu in een heel ander licht.

12
1. De docent **houdt** op een lijst **bij** wie er aanwezig is en wie niet.
2. Ze wil liever niet dat haar kinderen in de stad **opgroeien**; ze denkt dat het platteland beter voor hen is.
3. Ik maak me vaak zorgen over mijn dochter. Als ze in het weekend uitgaat, **blijft** ze vaak tot vroeg in de ochtend **weg**.
4. Anne Marie heeft een gezellige werkkamer. Zij weet altijd precies hoe je zo'n ruimte leuk kunt **aankleden**.
5. Erika is docente Engels. In de toekomst wil ze haar eigen talencentrum gaan **oprichten**.
6. Veel kinderen **blijven** tussen de middag op school **over** omdat hun ouders dan niet thuis zijn.
7. Op de School van de Toekomst **werken** oudere en jongere leerlingen veel **samen**.

13
1. van, 2. met, 3. tot, 4. naar, 5. tot, 6. op, 7. van 8. aan, 9. van

14
1. Misschien moeten we hem eens **vragen naar** zijn situatie thuis.
2. Als de ouders vaak ruzie hebben, **worden** de kinderen daar **de dupe van**.
3. Hoewel we geen subsidie meer krijgen, hebben we toch besloten om **door** te **gaan met** dit project.
4. Herman **(be)hoort tot** de beste leerlingen van de klas; hij heeft nog nooit een onvoldoende gehaald voor een proefwerk.
5. Henk moet dat probleem maar oplossen; ik **lig** er **niet wakker van**!
6. Die **vragen** moet je niet **aan** mij **stellen**!
7. We hoeven morgen niet met de trein want ik kan een auto **lenen van** een vriend van mij.
8. Deze cursus **is** met name **gericht op** spreekvaardigheid.
9. Op de PABO worden studenten **opgeleid tot** leraar op de basisschool.

Les 10

Uitleg

3 Het gebruik van het perfectum en het imperfectum

a) We zijn gisteren naar Zeeland geweest. Het <u>regende</u> de hele dag, maar toch <u>was</u> het heel leuk.
b) Als ik geld <u>had</u>, <u>kocht</u> ik een auto.
c) Hij <u>las</u> de brief, <u>verscheurde</u> hem en <u>gooide</u> hem in de prullenbak.
d) 's Zomers <u>ging</u> mijn oma elke dag in het park wandelen.

Het imperfectum gebruik je
1. d, 2. a, 3. c, 4. b

Oefeningen

1
1. De meeste cafés en restaurants vind je *in het centrum van de stad*.
2. Binnenkort gaat ons bedrijf *naar een bedrijventerrein* verhuizen. / Binnenkort gaat ons bedrijf verhuizen *naar een bedrijventerrein*.
3. We hebben al onze vrienden en collega's *voor het feest* uitgenodigd. / We hebben al onze vrienden en collega's uitgenodigd *voor het feest*.
4. Ik weet zeker dat Michiel niet thuis is omdat ik hem net *in de stad* heb gezien. / omdat ik hem net heb gezien *in de stad*.
5. Eric heeft een hele mooie presentatie *op de computer* gemaakt. / Eric heeft een hele mooie presentatie gemaakt *op de computer*.
6. Als we geen zin hebben om te koken, gaan we *naar de pizzeria*.
7. Ze vertelde dat ze hem *op de verjaardag van een vriendin* heeft ontmoet. / dat ze hem heeft ontmoet *op de verjaardag van een vriendin*.
8. De vier grote zeegaten in Zeeland heeft men *met dammen* afgesloten. / De vier grote zeegaten in Zeeland heeft men afgesloten *met dammen*.

3
1. zetten, 2. gelegd, 3. liggen, 4. zitten, 5. staat, 6. gestopt

4
2. We **hebben** eerst een hele tijd **rondgereden**.
3. We **konden** het namelijk niet vinden.
4. Opeens **zagen** we een bord.
5. We **stapten uit** om te lezen wat erop **stond**.
6. We **mochten** het natuurgebied helemaal niet in!

7. We **zijn** toen maar naar huis **gegaan**.
8. En toen we **thuiskwamen**, **zagen** we bij ons in de tuin iets leuks.
9. Daar **was** ook een vogel **aan het broeden**.
10. We **zijn** toen door de achterdeur naar binnen **gegaan** want we **wilden** de vogel niet storen.

5
1. p, 2. f, 3. g, 4. h, 5. i, 6. n, 7. d, 8. j, 9. m, 10. c, 11. a, 12. b, 13. o, 14. e, 15. l, 16. k

6
1. binnenstad, 2. doe-het-zelven, 3. briljant, 4. afgesloten, 5. Sindsdien, 6. de strijd, 7. aan de horizon, 8. in de open lucht

8a
1. niet waar, 2. waar, 3. waar, 4. waar, 5. niet waar

8b
6. Er was (…) op het gebied van architectuur. (r. 2-4) / Bovendien werd er (…) presentaties. (r. 36-38)
7. b) Heel veel mensen bezoeken gebouwen tijdens de *Dag van de Architectuur* en dat was ook deze keer gelukkig nog steeds het belangrijkste en leukste onderdeel van de *Dag van de Architectuur*.
8. Ja. Dat blijkt uit r. 39-43.

9a
1. c, 2. a, 3. b

9b
4. Tijs Goldsmidt is bioloog en schrijver.
5. c
6. 's zomers zijn de zwartgeteerde huizen aan de overkant niet zichtbaar en 's winters, als de bomen kaal zijn, zijn die huizen wél zichtbaar
7. b

intro: … en het is vanavond het "Gesproken uitzicht" van Tijs Goldschmidt, hij is bioloog en schrijver in Amsterdam.

Tijs: Ja, het is ongeveer elf uur op de Singel in Amsterdam en het is prachtig weer hier, heel mooi licht en voor het huis aan de gracht, daar staan twee iepen. En een paar dagen geleden, ze zijn nu helemaal kaal, een paar dagen geleden hingen er aan één van de twee iepen nog drie goudgele blaadjes. En ik heb een hele tijd staan wachten tot ze er afgeblazen zouden worden, maar uiteindelijk ben ik daar niet bij geweest. En op een dag kwam ik thuis en waren ze weg. En vanaf dat moment is er, is er geen, zijn al deze bomen kaal geweest en zijn de zwartgeteerde huizen aan de overkant van de gracht voor de komende maanden het voornaamste uitzicht.
Je ziet ook twee straatjes of eigenlijk één straatje, de Beulingstraat, en vijf huizen, vier huizen naar rechts de Beulingsloot, die is onlangs, geloof ik, gepromoveerd tot Beulinggracht en door die twee straten zie je aan het eind van de dag altijd heel mooi, als er zon is tenminste, de zon vallen en ja, een gouden licht contrasteren met die zwartgeteerde huizen. Dat vind ik misschien wel het mooiste van deze plek, dat de gracht hier zo breed is en dat je de ruimte voelt en dat het licht heel sterk wisselt door de dag heen en vooral aan het eind van de dag heb je hier prachtig licht.
Daar links van de Beulingstraat staan een aantal grachtenpanden en dan plotseling rijst er een ranke, smalle kerk op, de Krijtberg, die er vaak 's avonds vooral als er wat schimmelachtige wolken overdrijven en als het een beetje mistig is, heel spookachtig uit kan zien. Dan heb je hier echt een on-Nederlandse atmosfeer die doet denken aan de "Gothic Novels". Het is een, ja het is een kerk van Tepe uit het eind van de negentiende eeuw, een op Duitsland georiënteerde architect. En ja, eigenlijk past die kerk hier heel mooi, die maakt het uitzicht wel veel afwisselender dan het geweest zou zijn zonder zo'n, zonder zo'n kerk.

11
1. Als ik aan de voorkant uit het raam kijk, zie ik een soort park.
2. Aan de linkerkant is een grasveld waar vaak kinderen aan het voetballen zijn.
3. Naast het grasveld ligt een speeltuintje met een glijbaan en een schommel.
4. Er staan ook een paar banken bij het speeltuintje.
5. Daar zitten vaak mensen te kijken naar de spelende kinderen.
6. Dat zijn natuurlijk vooral de moeders die de kleintjes in de gaten houden.
7. Rechts naast het speeltuintje ligt een grasveld waar mensen hun hond kunnen uitlaten.
8. Het is een speciaal uitlaatterrein met een hek eromheen, zodat de honden niet weg kunnen lopen.
9. Het hek zorgt er ook voor dat de honden alleen op dát grasveld poepen.
10. Op die manier komt er geen hondenpoep in de rest van het park.

12
1. Toen we gisteren opeens geen benzine meer hadden, hebben we bij een boerderij **aangeklopt**. Daar hebben we toen ook een jerrycan benzine gekregen.
2. Op de Nederlandse snelwegen is het verboden om rechts **in** te **halen**.
3. Als je met Mieke zit te praten, **pakt** ze heel vaak even je hand **vast**.
4. Peter en Kristel hebben tijdens hun vakantie een bankoverval **meegemaakt**.
5. Tijdens de aardbeving **stortten** huizen en gebouwen **in**; daardoor werden zeker 10.000 mensen dakloos.
6. Ik sport vrij veel; ik volleybal twee keer per week en ik **loop** drie keer per week **hard**.
7. Het heeft de hele middag geregend. Tegen vijf uur **brak** het zonnetje pas **door**.

13
1. tegen, 2. met, 3. op, 4. om, 5. in, 6. door, 7. in

14
1. … Ik kon wel **door de grond zakken**!
2. Hij **is** zo **trots op** zijn nieuwe auto dat hij over niets anders meer kan praten.
3. Marcel heeft een ongeluk gehad; hij is met zijn auto **tegen** een boom **gebotst**.
4. Toen ik **de bocht om kwam**, stak er plotseling een kind over.
5. Ze **hebben** nog steeds veel **contact met** elkaar.
6. We waren al anderhalf uur thuis en toen kregen we pas **in de gaten** dat er was ingebroken.
7. Ik had het ding wel **in elkaar** willen **slaan**, zó boos was ik!

Tests

Test 1: les 1-5

1
1. a, 2. c, 3. a, 4. b, 5. b/c, 6. b/c, 7. a, 8. a, 9. a, 10. b, 11. c, 12. b

2
1. a, 2. b, 3. a, 4. a, 5. a/b, 6. c, 7. b, 8. b/c, 9. a, 10. a/c, 11. b/c, 12. a/b

Test 2: les 6-10

1
1. b, 2. a/c, 3. b, 4. c, 5. a, 6. c, 7. b, 8. c, 9. b, 10. a, 11. c, 12. b

2
1. c, 2. a/b, 3. a, 4. b, 5. b, 6. b, 7. a/c, 8. b/c, 9. c, 10. b/c, 11. c, 12. a

Grammatica- en zaakregister

A
Achtervoegsel ☞ suffix
Adjectief **2** § 3, **3** § 3, **6** § 1, **9** § 2
  Comparatief **6** § 1
  Superlatief **6** § 1
Adverbium **3** § 2, **8** § 1
  Daardoor **5** § 1
  Daarna **8** § 1.3
  Daarom **5** § 1
  Daarvoor **8** § 1.3
  Er **6** § 2, **8** § 2
  Toch **9** § 1
  Vroeger **10** § 3
Als ☞ conjunctie
Ander **9** § 2

B
Betrekkelijk voornaamwoord ☞ pronomen relativum
Bijvoeglijk naamwoord ☞ adjectief
Bijwoord ☞ adverbium
Bijzin ☞ syntaxis

C
Comparatief ☞ adjectief
Conditionalis ☞ verbum
Conjunctie **5** § 1, **8** § 1
  Als **8** § 1.2
  Doordat **5** § 1
  Hetzij ... hetzij **8** § 1.1
  Hoe ... hoe **8** § 1.2
  Hoewel **9** § 1
  Mits **8** § 1.2
  Nadat **8** § 1.3
  Noch ... noch **8** § 1.1
  Omdat **5** § 1
  Tenzij **8** § 1.2
  Terwijl **8** § 1.2, **9** § 1
  Toen **8** § 1.2, **10** § 3
  Voordat **8** § 1.3
  Zo ... dat **8** § 1.2
  Zodat **8** § 1.2
  Zowel ... als **8** § 1.1

D
Daardoor ☞ adverbium
Daarna ☞ adverbium
Daarom ☞ adverbium
Daarvoor ☞ adverbium
Direct object ☞ syntaxis
Doordat ☞ conjunctie

E
Er ☞ adverbium
Er, de plaats van – in de zin ☞ syntaxis

F
Futurum ☞ verbum

H
Hele werkwoord ☞ infinitief
Hetzij ... hetzij ☞ conjunctie
Hoe ... hoe ☞ conjunctie
Hoewel ☞ conjunctie
Hoofdzin ☞ syntaxis
Hulpwerkwoord ☞ verbum

I
Imperfectum ☞ verbum
Indirecte vraag ☞ syntaxis
Infinitief ☞ verbum
Interrogativum **1** § 2
Inversie ☞ syntaxis

L
Leggen **10** § 2
Liggen **10** § 2
Lijdend voorwerp ☞ direct object
Lijdende vorm ☞ passivum

M
Mits ☞ conjunctie
Modale hulpwerkwoorden ☞ verbum

N
Nadat ☞ conjunctie
Noch ... noch ☞ conjunctie
Numerale **3** § 1.1, **6** § 2

O
Omdat ☞ conjunctie
Om te + infinitief ☞ verbum
Onbepaalde telwoorden **9** § 2
Onderwerp ☞ subject
Onvoltooid tegenwoordige tijd ☞ presens
Onvoltooid tegenwoordige toekomende tijd ☞ futurum
Onvoltooid verleden tijd ☞ imperfectum
Onvoltooid verleden toekomende tijd ☞ conditionalis

Grammatica- en zaakregister

P

Participipium ☞ verbum
Passivum ☞ verbum
Perfectum ☞ verbum
Persoonlijk voornaamwoord ☞ pronomen personale
Pluralis, zelfstandig gebruik van de – **9** § 2
Prefix **2** § 2
Prepositie **1** § 2, **6** § 2
Presens ☞ verbum
Pronomen
  Personale **2** § 1
  Relativum **3** § 1, 1.1

S

Scheidbare werkwoorden ☞ separabele verba
Separabele verba ☞ verbum
Stoppen **10** § 2
Staan **10** § 2
Subject **1** § 1, **5** § 2, **6** § 2
Substantief **3** § 3, **9** § 2
Suffix **3** § 3
Superlatief ☞ adjectief
Syntaxis
  Bijzin **5** § 1, **8** § 1, **10** § 1
  Direct object **5** § 2
  Er, de plaats van – in de zin **8** § 2
  Hoofdzin **1** § 1, **5** § 1, **8** § 1
  Indirecte vraag **1** § 3
  Inversie **1** § 1, **5** § 1, **8** § 1
  Prepositiewoordgroep, de plaats van de – in de zin **10** § 1

T

Telwoord ☞ numerale
Tenzij ☞ conjunctie
Terwijl ☞ conjunctie
Toch ☞ adverbium
Toen ☞ conjunctie

V

Verbum
  Futurum **5** § 2
  Hulpwerkwoord + infinitief **4** § 1, **4** § 11
  Imperfectum **7** § 1, **10** § 3
  Infinitief **4** § 1, **7** § 1, **10** § 1
  Modaal hulpwerkwoord **4** § 1, **4** § 1.1, **10** § 3
  Om te + infinitief **7** § 1
  Participium **4** § 1.1, **10** § 1, **10** § 3
  Passivum **5** § 2
  Perfectum **5** § 2, **7** § 1, **10** § 3
  Presens **5** § 2
  Zijn + *aan het* + infinitief **10** § 3
  Separabele verba **2** § 2
  Verbum finitum **1** § 1
  Zou/zouden + infinitief (conditionalis) **7** § 1
Vergrotende trap ☞ comparatief
Voegwoord ☞ conjunctie
Voltooid tegenwoordige tijd ☞ perfectum
Voordat ☞ conjunctie
Voorvoegsel ☞ prefix
Voorzetsel ☞ prepositie
Vraagwoord ☞ interrogativum
Vroeger ☞ adverbium

W

Wat ☞ pronomen relativum

Z

Zetten **10** § 2
Zitten **10** § 2
Zijn + *aan het* + infinitief ☞ verbum
Zo ... dat ☞ conjunctie
Zodat ☞ conjunctie
Zou/zouden + infinitief (conditionalis) ☞ verbum
Zowel ... als ☞ conjunctie

Bronvermelding

p. 8	illustratie: Paul Netzer, Berlijn
p. 9	NS, Den Haag
p. 13	foto: Mathilde Kroon
p. 14	foto: Mathilde Kroon
p. 15	illustratie: Ofzcarek!, Keulen
p. 16	illustratie: Ofzcarek!, Keulen
p. 17	illustratie: Paul Netzer, Berlijn
p. 18	illustratie: Paul Netzer, Berlijn
p. 21	foto: © Stichting Promotie Den Haag
p. 24	illustraties: Paul Netzer, Berlijn
p. 26	illustraties: Paul Netzer, Berlijn
p. 27	illustratie: Paul Netzer, Berlijn
p. 28	foto: Heimen Kroon
p. 30	illustratie: Ofzcarek!, Keulen
p. 32	foto: Mathilde Kroon
p. 36	foto: Caroline Kennedie
p. 38	foto: © IFA/Diaf, München
p. 41	foto: Julia de Vries
p. 46	foto: © NBT, Keulen
p. 49	foto's: Mathilde Kroon
p. 50	foto: © NBT, Keulen
p. 51	illustratie: Paul Netzer, Berlijn
p. 54	illustratie: Jaap de Bruin/J.J. Design, Amsterdam
p. 56	foto: Mathilde Kroon
p. 63	foto: © ANP, Den Haag
p. 66	foto: © NBT, Keulen
p. 69	illustraties: Paul Netzer, Berlijn
p. 74	afbeelding: © Sebastian Krüger, Springe
p. 75	illustratie: Paul Netzer, Berlijn
p. 77	foto: Mathilde Kroon
p. 79-80	foto: Mathilde Kroon
p. 86	illustratie: Paul Netzer, Berlijn
p. 87	foto: © Prometheus/Elsevier, Amsterdam
p. 90	illustratie: Paul Netzer, Berlijn
p. 92	foto: IFA/P. Sinclair, München
p. 102	illustratie: Paul Netzer, Berlijn
p. 108	tekst en foto: © Elsevier, Amsterdam
p. 109	foto: Mathilde Kroon
p. 110-111	tekst en foto: © SIRE, Stichting Ideële Reclame, Amstelveen
p. 115	foto: Mathilde Kroon
p. 116	foto: Griekse centrale voor vreemdelingenverkeer, Frankfurt
p. 121	foto: Heimen Kroon
p. 126	foto: Julia de Vries
p. 132	illustratie: Jaap de Bruin/J.J. Design, Amsterdam
p. 134	foto: NBT, Keulen